ENSINANDO SEUS FILHOS A PENSAR

Myrna B. Shure, Doutora em Psicologia
com Theresa Foy DiGeronimo, Mestre em Educação

ENSINANDO SEUS FILHOS A PENSAR

Como ajudar os seus filhos a resolver os conflitos
do dia-a-dia e se dar bem com as pessoas

O PROGRAMA "EU CONSIGO SOLUCIONAR PROBLEMAS"

Tradução
ÁLVARO OPPERMANN

EDITORA CULTRIX
São Paulo

Título original: *Raising a Thinking Child.*

Copyright © 1994 Myrna B. Shure, Ph.D.

Publicado mediante acordo com Lynn Seligman Literary Agent.

Todos os direitos reservados. Nenhuma parte deste livro pode ser reproduzida ou usada de qualquer forma ou por qualquer meio, eletrônico ou mecânico, inclusive fotocópias, gravações ou sistema de armazenamento em banco de dados, sem permissão por escrito, exceto nos casos de trechos curtos citados em resenhas críticas ou artigos de revistas.

A Editora Pensamento-Cultrix Ltda. não se responsabiliza por eventuais mudanças ocorridas nos endereços convencionais ou eletrônicos citados neste livro.

Ilustrações do texto de Herbert W. Wimble IV.

Dados Internacionais de Catalogação na Publicação (CIP)
(Câmara Brasileira do Livro, SP, Brasil)

Shure, Myrna B.
    Ensinando seus filhos a pensar : como ajudar os seus filhos a resolver os conflitos do dia-a-dia e se dar bem com as pessoas / Myrna B. Shure com Theresa Foy DiGeronimo ; tradução Álvaro Oppermann. – São Paulo : Cultrix, 2008.

    Título original: Raising a thinking child.
    Bibliografia.
    ISBN 978-85-316-0995-4

    1. Conflito interpessoal em crianças 2. Conscientização social nas crianças 3. Criação de crianças 4. Pais e filhos 5. Solução de problemas em crianças I. DiGeronimo, Theresa Foy. II. Título.

07-8041   CDD-641.1

Índices para catálogo sistemático:
1. Crianças : Soluções de conflitos : Vida familiar   641.1

O primeiro número à esquerda indica a edição, ou reedição, desta obra. A primeira dezena à direita indica o ano em que esta edição, ou reedição, foi publicada.

Edição	Ano
1-2-3-4-5-6-7-8-9-10-11	08-09-10-11-12-13-14

Direitos de tradução para o Brasil
adquiridos com exclusividade pela
EDITORA PENSAMENTO-CULTRIX LTDA.
Rua Dr. Mário Vicente, 368 — 04270-000 — São Paulo, SP
Fone: 6166-9000 — Fax: 6166-9008
E-mail: pensamento@cultrix.com.br
http://www.pensamento-cultrix.com.br
que se reserva a propriedade literária desta tradução.

Para George Spivack,
meu amigo e
colaborador de pesquisa
há mais de 25 anos

Sumário

Agradecimentos 9
Introdução 13

Parte I

*Como ajudar o seu filho a pensar
sobre os problemas*

1 • Como pensar, não o que pensar 23
2 • Brincando com palavras 31
3 • Entendendo os sentimentos 46
4 • Mais prática do ECSP 63
5 • Como encontrar soluções alternativas 80
6 • A consideração das conseqüências 100

Parte II

Juntando as peças

7 • Jogos e atividades do ECSP 121
8 • Exemplos de diálogos do ECSP 139

Epílogo 163
Apêndice A. Lista para auto-avaliação 165
Apêndice B. Para você e seus filhos:
coisas sobre as quais pensar 167
Apêndice C. Lembretes do ECSP 171
Bibliografia selecionada 175

Agradecimentos

A pesquisa que me ajudou a formular a abordagem de *Ensinando seus Filhos a Pensar* só se concretizou graças aos subsídios MH 20372 (Applied Research Branch) e MH 40801 (Prevention Research Branch) do National Institute of Mental Health/Instituto Nacional de Saúde Mental, de Washington, D.C.

Um agradecimento muito especial vai para George Spivack, cuja pesquisa inicial com adolescentes comprovou a ligação crucial entre o que ele chama de habilidades para a Solução de Problemas de Cognição Interpessoal (Interpersonal Cognitive Problem Solving — ICPD) e o comportamento. A descoberta feita por ele, de que o funcionamento humano saudável, assim como as habilidades sociais, devem ser orientados pelo raciocínio direcionado à solução de problemas, e não apenas pela modificação direta do próprio comportamento, nos levou, em nosso esforço conjunto de pesquisa, a testar essa teoria com crianças pequenas — e inspirou-me a criar as intervenções que levaram à abordagem desenvolvida ao longo deste livro.

Sem a ajuda e a contribuição criativa de muitas pessoas, a pesquisa formal, as amostragens e a avaliação do que enfim se tornaram as intervenções ECSP não teriam sido possíveis. Foram os ex-administradores do Philadelphia Get Set Day Care program (Programa *Get Set* de creches diurnas da cidade da Filadélfia) — o dr. Jeffrey O. Jones, diretor; Rosemary Mazzetenta, diretora assistente; dr. Lafayette Powell, chefe do serviço de psicologia; e Vivian Ray, psicóloga-chefe — que, em 1968, pavimentaram o caminho para o nosso primeiro projeto formal de pesquisa com pais e professores de crianças em idade pré-escolar. Quatro supervisores do *Get Set* merecem reconhecimento por terem ajudado a recrutar mães para a nossa pesquisa inicial: Sarah Bowers, Robert Durso, Sarah Reed e Phyllis Williams.

Eu não poderia deixar de expressar minha profunda gratidão à dra. Constance Clayton, ex-superintendente do distrito educacional da Filadélfia, assim como à superintendente associada de operações dessa mesma escola, Leontine D. Scott, pelo apoio que deram à nossa pesquisa com alunos, pais e professores ao longo dos anos. Agradeço também ao dr. Irvin J. Farber, ex-Diretor de

10 • *Ensinando seus filhos a pensar*

Pesquisa no distrito escolar da Filadélfia, que por diversas vezes ajudou-me nas questões de solução de problemas durante a fase de pesquisa dos projetos.

A minha dívida para com os diretores de diversas escolas primárias de toda a Filadélfia é igualmente grande, pelo apoio que esses profissionais nos deram quando da nossa pesquisa mais recente com pais de crianças de 6 a 7 anos, assim como com os pais coordenadores dessas escolas, que se esforçaram para recrutar os pais que vieram a participar da pesquisa: dra. Agnes Barksdale, diretora, e Vivian Chestang, coordenadora familiar da Blankenburg Elementary School; sr. Anthony Bellos, diretor, e Chantala Clark, mãe coordenadora da W.D. Kelley Elementary School; sra. Janet Samuels, diretora, e Frances Carter, mãe coordenadora da Locke Elementary School; e, por fim, o dr. Harold Trawick, diretor, e Jesse Carter, pai coordenador da Martha Washington Elementary School.

Minha apreciação e meu reconhecimento a Frank Masterpasqua, atualmente no Instituto de Graduação de Psicologia Clínica da Widener University, por suas sugestões valiosas como consultor do nosso projeto. O mesmo deve ser dito dos meus assistentes na pesquisa — Joan Algeo, Jeanne Handline e Kathleen Shea — cujos lampejos intuitivos, obtidos enquanto trabalhávamos com os grupos mais recentes de pais, contribuíram para a criação de alguns dos jogos/lições adotados para este livro. Muitas das idéias a respeito de ajudar os pais a apreender as técnicas do ECSP me foram dadas por Virginia Jamison, instrutora de apoio ao professor, que, além de treinar professores do sistema de educação pública da Filadélfia, também ensina o ECSP para todos os instrutores de pais do Distrito Escolar da Filadélfia. Também devo muito a Kathryn Healey, atualmente no Instituto de Graduação de Psicologia Clínica da Widener University, e a Phyllis Ditlow, atual coordenadora de educação do programa Head Start de maternal e jardim-de-infância da Filadélfia, que me ajudaram a treinar pais e professores por todo o país. Sempre fui muito grata por suas idéias originais, que acrescentaram flexibilidade ao programa.

Laura Caravello e a dra. Eileen Altman, coordenadoras de prevenção da Associação de Saúde Mental de Illinois (Mental Health Association of Illinois, MHAI), implementaram o ECSP há muitos anos junto aos professores e o enriqueceram com importantes idéias quando o adaptavam para ser usado pelos pais. Pelo apoio que deram a essa empreitada, eu agradeço a Jan Holcomb, diretor executivo do MHAI; a Ann Nerad, fundadora do projeto e ex-presidente do conselho e membro do MHAI; à dra. Edith Fifer, administradora dos programas de educação especial na primeira infância do sistema de educação pública de Chicago; e ao dr. James G. Kelly, professor de psicologia da University of Illinois em Chicago e consultor de projeto do MHAI. Não posso deixar de mostrar grande apreço a duas escolas públicas de Chicago, por seu trabalho pioneiro no treinamento de pais com o ECSP: à Schubert Elementary School, na

Agradecimentos • 11

pessoa de sua diretora, Cynthia Wnek; e à Hartigan Elementary School, na pessoa de sua diretora Betty Greer. Gostaria de registrar um reconhecimento especial a Diane Kacprzak, uma mãe da cidade de Chicago que ofereceu liderança a outros pais e mães da cidade, bem como despertou o interesse deles pelo ECSP. Bonnie Aberson, uma psicóloga escolar do condado de Dade, na Flórida, ao longo dos anos também implementou criativamente o nosso programa junto a pais e professores, e foi James Gould, diretor da Calusa Elementary School, quem deu apoio ao primeiro programa de treinamento de pais na região.

Os jogos e os diálogos que ilustram este livro são para o uso dos pais. Eles também podem ser utilizados por professores, conselheiros, psicólogos escolares e funcionários de escolas que trabalham com crianças como um suplemento curricular chamado *I Can Problem Solve* (Eu Consigo Solucionar Problemas), que desenvolvi para ser usado em sala de aula. Quero expressar a minha gratidão à Presidente Ann Wendel e ao Diretor de Marketing Russell Pence, da Research Press, por reconhecerem a necessidade de estender o método do ECSP aos pais, e também por permitirem que reproduzíssemos as ilustrações 2, 3 e 4 e adaptássemos alguns dos jogos/lições dos seus manuais de sala de aula.

Agradeço a Lynn Seligman, minha agente, pela sua resposta entusiástica à idéia de escrever este livro, quando ele ainda não passava de uma idéia na minha mente, e por ter-me apresentado a Theresa DiGeronimo, cujo toque mágico deu vida à obra. Além disso, enquanto trabalhávamos na obra, ela se tornou uma "mãe-modelo ECSP". Também sou profundamente grata a Cynthia Vartan, a minha editora na Henry Holt, que acreditou no livro, incentivou-me e fez de tudo para tornar a escrita dele uma aventura estimulante.

Os pais que participaram das entrevistas de pré-treinamento, vindos de todas as camadas sociais, deram-nos uma contribuição importante, fazendo com que nos déssemos conta de quão estranho e fascinante pode ser o método de solução de problemas proposto, contribuindo muito para o desenvolvimento do nosso enfoque. Por fim, todas as pessoas que participaram das intervenções merecem uma menção especial pela maneira criativa e prestativa com que nos ajudaram, com suas sugestões, a refinar as técnicas de solução de problemas para a criação de filhos inteligentes. Porém, foi aquele grupo honesto de críticos, composto de crianças entre 4 e 7 anos de idade, que nos levou a fazer mudanças constantes em nós mesmos. É a elas que eu devo a maior de todas as homenagens.

— MBS

Introdução

Este é um livro sobre criação de filhos — mas ele não irá lhe dizer o que os seus filhos devem fazer ou como devem se comportar. Em vez disso, ele irá mostrar como você pode melhorar o ajustamento social dos seus filhos ao incentivá-los a pensar. Estou me referindo a um tipo muito preciso e específico de pensamento — o de solução de problemas do dia-a-dia que surgem da interação com outras pessoas. Este livro é sobre uma abordagem baseada numa pesquisa clinicamente comprovada e testada com muitas crianças, chamada *I Can Problem Solve* (ou ICPS)/Eu Consigo Solucionar Problemas (ou ECSP).

Pense num problema que você tenha tido recentemente com seu cônjuge, com um colega de trabalho, com um amigo, com o seu filho — na verdade, com qualquer pessoa. Lembre-se de como você se sentia antes da solução do problema — ansioso, preocupado, zangado, frustrado? Agora tente lembrar de como você ficou depois que o problema foi resolvido — aliviado, feliz, orgulhoso? Imagine se um problema depois do outro permanecesse sem solução. Como isso afetaria o seu humor — e o que você poderia fazer — com o passar do tempo? É possível que você começasse a se sentir inadequado e incompetente e começasse a se comportar de maneiras socialmente inaceitáveis. É assim que as crianças se sentem quando elas não conseguem resolver satisfatoriamente os problemas que surgem em seus relacionamentos com outras pessoas.

Evidentemente, pessoas de todas as idades têm problemas que giram em torno de tipos de conflitos típicos que aparecem no dia-a-dia e por causa de desejos ou necessidades não-satisfeitas. Isso é natural. Enquanto os adultos desejam ter vizinhos que não façam barulho à noite, os adolescentes sonham em marcar um encontro com alguém que é inatingível, e uma criança de 4 anos pode chorar porque não lhe deram o brinquedo desejado. O que difere em todos esses "desejos" é a maneira como cada pessoa tenta satisfazê-los. Eu descobri que as pessoas que conseguem pensar de um modo que facilite a solução de problemas acabam tendo mais chance de alcançar o sucesso e de se ajustar socialmente do que as que não conseguem pensar desse modo, ou que ainda não aprenderam a fazer isso.

No meu programa de rádio na Filadélfia, entrevistei um casal de pais que estava preparando a filha adolescente para a universidade. Eles acreditavam que era de suma importância que ela aprendesse a tomar decisões antes que saísse de casa. Eu respondi que ajudava a ensinar as crianças a serem capazes de tomar decisões muito mais cedo na vida. Esses pais se surpreenderam ao saber que poderiam ter começado a ensinar essa habilidade à filha deles quando ela tinha 3 ou 4 anos de idade. Uma mãe praticante do método ECSP, por exemplo, conseguiu ajudar o seu filho Robert, de 4 anos, a convencer um amiguinho a emprestar o seu brinquedo para ele. Quando Robert disse que ele poderia simplesmente tirar o brinquedo das mãos do menino, sua mãe o ajudou a pensar sobre essa solução. Ela o ajudou a pensar sobre como ele e a outra criança se sentiriam, o que aconteceria depois, e o que mais ele poderia fazer. Esse tipo de conversa entre pais e filhos, que eu chamo de "diálogo ECSP", ajudou Robert a se tornar um solucionador de problemas melhor. Embora tenha apenas 4 anos de idade, Robert começou a pensar por si mesmo.

Por que essa nova habilidade é tão importante tanto para Robert como para os seus pais? Com George Spivack, meu colega de pesquisas há mais de 25 anos, aprendi que as crianças pequenas que conseguem reconhecer que o comportamento tem causas e conseqüências, que as pessoas têm sentimentos, e que há mais de um modo de resolver os problemas do dia-a-dia que surgem em sua interação com outras pessoas, têm menos problemas comportamentais do que aquelas que meramente reagem ao problema com que estão lidando no momento.

Mediante a cuidadosa avaliação de milhares de crianças em todo o país, os meus colegas de pesquisa e eu chegamos à conclusão de que as crianças ensinadas com o ECSP são menos suscetíveis à frustração do que as outras, têm menor propensão ao desequilíbrio emocional quando as coisas não saem como elas queriam que saíssem, são menos agressivas, e também mais cuidadosas em relação às pessoas, mais dóceis quando se trata de compartilhar as suas coisas e de esperar a sua vez e mais capazes de fazer amizades. Algumas crianças muito tímidas e fechadas aprendem a se impor e se tornam mais extrovertidas.

A nossa primeira pesquisa mostrou uma estreita relação entre a capacidade de resolver problemas e o comportamento individual, o que nos levou a perguntar: Se esse tipo de habilidade de pensamento pode distinguir crianças que mostram das que não mostram um comportamento adequado na escola, como podemos ajudar as crianças que têm menos habilidade para resolver seus próprios problemas, de modo a equipará-las às crianças de sua idade de maior competência social? Se o fato de obter os recursos mentais adequados à solução de problemas traz uma melhora no comportamento, então poderíamos oferecer

Introdução • *15*

alternativas para reduzir, e possivelmente evitar, os problemas comportamentais antes que eles fujam de controle.

Eu comecei o trabalho com seis crianças de uma escola maternal. Passei a escutar atentamente o que diziam enquanto tentava ensinar para elas os conceitos que imaginava iriam ajudá-las a resolver os seus problemas. Observei que, ao pedir que o grupo me desse uma idéia "diferente" para resolver um problema hipotético apresentado por mim, as respostas dadas eram sempre as mesmas. Algumas crianças não conseguiam pensar em mais do que uma ou duas alternativas. Descobri que outras não entendiam o que a palavra *diferente* significava. Não importava, porém, se elas entendiam ou não o significado real da palavra, eu percebi que brincar com esse ou outros conceitos transmitidos por palavras, poderia montar o palco para um pensamento do tipo solucionador de problemas. Então criei jogos com palavras-chave. Sempre que brincavam com a palavra *diferente,* soava um sino engraçado de associação com os jogos em que eu pedia a elas um modo "diferente" de resolver o problema. Ao brincar com a palavra *não,* eu as ajudaria a associar o jogo com a pergunta "Esta é uma boa idéia, ou *não* é?" Uma palavra simples, de apenas duas letras — como *"ou"* — ajuda as crianças em idade pré-escolar a entender a palavra bem mais complexa "alternativas", o que as levava mais tarde a pensar coisas como "Eu posso fazer isto *ou* fazer aquilo". Depois de muitos testes-piloto com crianças, treinei quatro professores, aos quais se seguiram outros dez, que aos poucos chegaram a centenas à medida que os anos foram passando.

No início, a habilidade mental de proposição de alternativas e de pensamento lógico-conseqüencial foi chamado de ICPS — Interpersonal Cognitive Problem Solving (Solução de Problemas de Cognição Interpessoal), ou capacitação de ICPS — um nome muito pomposo, pensei. Deitada na cama, certa noite, a solução me ocorreu. As iniciais *ICPS* podem significar também *I Can Problem Solve* ("Eu Consigo Solucionar Problemas — ECSP"). No primeiro dia em que começamos a usar o novo nome, um menino bateu num outro, e a vítima exclamou em alto e bom som: "Ele não está Ecessepando". O meu método havia sido batizado.

O que aprendemos com a nossa pesquisa? Em primeiro lugar, que as crianças apresentadas ao ECSP na pré-escola melhoraram sua capacidade de resolver problemas se comparadas com o grupo de crianças que haviam sido testadas mas não treinadas. Em segundo lugar, que as crianças que desenvolveram seu nível de ECSP eram as que provavelmente mostravam um decréscimo tanto no comportamento impulsivo quanto inibido, e esses ganhos se mantiveram estáveis quando, um ano e dois anos depois, as testamos novamente. Em terceiro lugar, as crianças em idade pré-escolar que não apresentavam dificuldades de comportamento, quando expostas ao ECSP, mostraram-se pouco propensas a apresentá-las quando entraram para o jardim-de-infância. (Esse é um ponto importante, pois sugere que uma criança, mesmo que tenha certa facilidade para lidar com problemas, pode se aprimorar ainda mais, talvez porque um modo de pensar que inclua tal flexibilidade provavelmente se perpetue.)

Graças aos resultados positivos dos nossos esforços, levamos o programa para dentro de casa. Eu o readaptei totalmente para usá-lo com um filho único no ambiente do lar (isso não quer dizer que os pais não possam usá-lo com mais de uma criança). Aprendemos que os pais, em casa, conseguem não apenas passar o método para os filhos, mas também que as habilidades recém-adquiridas passam a fazer parte da vida da criança na própria escola, o que foi atestado por muitos professores.

A nossa pesquisa mais recente mostra que, além das mudanças de comportamento, já no início da sua escolaridade a criança treinada com o ECSP apresenta um desempenho acadêmico superior. É provável que, uma vez que o comportamento mediado pelas habilidades do ECSP melhora, as crianças pequenas consigam assimilar melhor as exigências das tarefas da sala de aula, e, subseqüentemente, saírem-se melhor na escola.

Na verdade, as crianças que aprendem a como pensar sobre o seu relacionamento com as outras pessoas são mais bem-sucedidas em todas as áreas da vida. Pense por um momento nas pessoas do seu círculo social, nos seus familiares, amigos, colegas de trabalho, que com mais freqüência mostram sinais de infelicidade, agitação, depressão, e até mesmo de comportamento violento.

- as mães e os pais que apelam para a agressão física e verbal quando se sentem frustrados por causa da desobediência dos filhos.
- os casais que se divorciam porque não conseguem fazer concessões.
- os adolescentes que usam drogas e álcool por não conseguir resistir à pressão dos amigos.
- o jovem que reage à frustração com comportamento violento ou autodestrutivo.

Podemos apostar que essas pessoas nunca aprenderam a lidar de maneira ponderada com outras pessoas em situações problemáticas.

Imagine agora uma criança infeliz, tendo que lutar para se encaixar no mundo exterior:

- a menininha raivosa que morde a colega porque quer o seu brinquedo de volta.
- uma criança de 5 anos, que choraminga, grita e faz manha quando os seus pais não atendem aos seus pedidos imediatamente.
- a menina tímida de 6 anos de idade, que muitas vezes se afasta das outras crianças porque é atormentada pelos colegas mais extrovertidos.

Introdução • *17*

A nossa pesquisa, que é apoiada por outras descritas por Spivack e Shure em "Interpersonal Cognitive Problem-Solving and Clinical Theory" ("Teoria Clínica e Solução de Problemas de Cognição Interpessoal"), mostrou que, se as crianças podem aprender a resolver os seus problemas do dia-a-dia, elas se tornam menos propensas a se comportar de maneira impulsiva, insensível, tímida, agressiva ou anti-social. É crucial cortar esses comportamentos pela raiz porque, segundo Parker e Asher em "Peer Relations and Later Personal Adjustment" ("Relacionamento com os Colegas e Ajustamento Pessoal na Maturidade"), sabe-se que eles acabam levando a comportamentos ainda mais graves, como a psicopatologia, o uso de drogas, a delinqüência, a gravidez na adolescência e o fracasso acadêmico, e até mesmo, como pudemos observar durante os tumultos em Los Angeles, a comportamento extremamente violento e anti-social.[1] Crianças excessivamente introvertidas, segundo Cheek *et al*, em "Adolescent Shyness" ("A Timidez na Adolescência"), tem o potencial de levar uma vida solitária na idade adulta, marcada pela baixa auto-estima e a depressão.

Embora historicamente os educadores e os médicos tenham declarado que o alívio da tensão emocional ajuda a pessoa a pensar claramente, o ECSP é partidário da idéia contrária — a de que a capacidade de pensar claramente ajuda a aliviar a tensão emocional. É evidente que, no final das contas, é importante que a criança aprenda a pensar a respeito dos problemas com os quais ela se defronta ao lidar com as outras pessoas.

Eu tenho a convicção de que, ao usar o ECSP, você verá por si mesmo os benefícios imediatos que o método oferece para você e para o seu filho.

O ECSP vai ajudar *você* a:

- ampliar a sua percepção de que o ponto de vista do seu filho pode ser diferente do seu;
- ver que ajudar o seu filho a meditar sobre um problema trará frutos muito mais duradouros do que a ação de interromper o que ele está fazendo;
- fornecer para o seu filho um modelo de como pensar em soluções para problemas — como pai ou mãe inteligente, você poderá inspirar o seu filho a pensar.

---

1. Em 29 de abril de 1992, grupos de saqueadores depredaram e incendiaram diversas áreas da cidade de Los Angeles, em represália ao veredicto dado pela Justiça californiana, que absolveu os policiais acusados de espancar o cidadão Rodney King. De um lado, todos os policiais eram brancos, e King, negro. O saldo da violência foi de cinqüenta mortes, doze mil feridos e quatro mil pessoas presas, além de prejuízos superiores a US$1 bilhão — o pior distúrbio na Califórnia desde 1965. (N. do T.)

18 • Ensinando seus filhos a pensar

O ECSP vai ajudar *o seu filho* a:

- pensar sobre o que fazer quando se defrontar com um problema em relação a uma outra pessoa;
- pensar em diferentes alternativas para resolver o mesmo problema;
- pensar sobre as conseqüências de suas ações;
- decidir se uma idéia é boa ou não;
- perceber que as outras pessoas também têm sentimentos e pensar também sobre os seus próprios sentimentos.

Apesar de muito diferente de outros métodos populares de criação dos filhos, o ECSP segue a linha do enfoque positivo de educação. Em 1965, Haim Ginott despertou o interesse pela educação positiva ao sugerir, em seu livro *Between Parent and Child (Entre Pais e Filhos)* que, ao invés de dizer para a criança *o* que ela *não* deve fazer ("Não corra!"), os pais devem enfatizar o que *deveria* ser feito ("Ande!"). Em seguida, em 1970, Thomas Gordon escreveu o aclamado *Parent Effectiveness Training* — (PET) *(O Treinamento Efetivo dos Pais)* que abriu as portas para a idéia de que a escuta ativa e o uso de mensagens na primeira pessoa, ("*Eu* fico zangado quando você deixa o quarto bagunçado"), ao invés de mensagens na segunda pessoa ("*Você* é bagunceiro demais") são habilidades sensatas para a educação dos filhos. Esses dois livros seminais abriram o caminho para o nosso *Ensinando seus Filhos a Pensar* levar os pais a darem um passo além. O foco do ECSP passou a abranger, além da capacitação dos pais, o desenvolvimento das habilidades dos filhos. A criança inteligente não precisa que lhe digam como as pessoas sentem, ou o que ela deve fazer; ela consegue por si mesma avaliar os sentimentos alheios, decidir o que fazer e analisar se uma idéia é boa ou não.

Nos últimos 25 anos, o ECSP foi bem-sucedido, o que pode ser comprovado por milhares de avaliações minuciosas feitas com crianças de até 12 anos, treinadas com o ECSP, de níveis diferentes de QI, de escolas urbanas e suburbanas por todo o país, nos estados de Delaware, Florida, Illinois, New Jersey, Ohio, Oregon, Pensilvânia, Tennessee, Utah e Virgínia. Esta abordagem para a solução de problemas foi documentada em três livros escritos para um público especializado, em manuais de treinamento educacional e em inúmeros artigos em revistas especializadas. Também recebeu uma série de prêmios: Em 1982, o ECSP foi escolhido pela Associação Nacional de Saúde Mental (National Mental Health Association) para receber o prestigioso prêmio Lela Rowland Prevention Award, e, em 1984, o meu colega de pesquisa, George Spivack, e eu recebemos o prêmio de Contribuição Notável à Comunidade Psicológica, vindo da Associação de Psicologia Norte-Americana (American Psychological Association). Em 1987, o ECSP foi escolhido como modelo de programa de prevenção de

Introdução • 19

saúde mental pela *Task Force on Promotion, Prevention* e *Intervention Alternatives*, patrocinada pela Associação de Psicologia Norte-Americana. Em 1992, a Associação Nacional de Saúde Mental escolheu o ECSP como um de seus programas recomendados, o que resultou na sua adoção como programa-modelo nos estados de Illinois, Alabama e na Georgia, sendo que neste último tem sido oferecido treinamento no ECSP para representantes de centros comunitários locais em todo o estado. Mais recentemente, em 1993, a força tarefa de programas-modelo da Divisão da Infância, Juventude e da Família, da Associação de Psicologia Norte-Americana também escolheu o ECSP como programa-modelo de prevenção em todo o país.

Ensinando seus Filhos a Pensar se fundamenta em nossas pesquisas e na experiência prática com pais de crianças da primeira infância até os 7 anos. Uma das coisas que vim a apreciar é que, muitas vezes, o método da solução de problemas oferece soluções inesperadas. Também passei a apreciar a facilidade com que os pais ensinam aos seus filhos, em casa, as técnicas de solução de problemas interpessoais — e agora eu ofereço o ECSP para você.

Myrna B. Shure, Ph.D.

PARTE I

Como ajudar o seu filho a pensar sobre os problemas

1

• • •

Como pensar,
não o que pensar

O que você faz quando o seu filho faz manha, é insistente ou grita?

Como você reage quando o seu filho agride outra criança ou tira os brinquedos dela à força?

O que você diz quando o seu filho não dá ouvidos ao que você diz ou ao que você pede?

É provável que você reaja a esses comportamentos de muitas maneiras. Talvez você tente ensinar o seu filho a se comportar de maneira mais aceitável. Às vezes, você talvez resolva ignorar o problema. Em outras oportunidades, talvez lhe diga o que ele deve fazer e o que não deve, e explica por quê. Quando era professora numa escola maternal, eu tentei todas essas estratégias, e geralmente nenhuma funcionava. Hoje eu acredito que elas falhavam por um motivo muito simples: em vez da criança, era eu quem estava fazendo todo o raciocínio. Todos nós gostamos de ser livres para pensar por nós mesmos. Uma coisa que aprendi é que isso vale também para as crianças pequenas — quando elas têm as habilidades necessárias.

Ao longo deste livro, você verá que a minha visão de como estimular o comportamento saudável e responsável vai muito além do que nós *fazemos*. Ela dá um peso igual ao modo como nós *pensamos*, porque o modo como pensamos afeta o que fazemos. O meu método apresenta o conceito da solução de problemas às crianças. O seu componente mais importante é o de que as crianças são ensinadas a *como* pensar, e não o *que* pensar ou fazer, de modo que elas se tornam capazes de decidir por si mesmas o que devem e o que não devem fazer, e por quê. Eu vou me concentrar num tipo especial de modo de pensar, que ajuda a resolver os problemas típicos do dia-a-dia que afetam o modo como a criança lida com outras pessoas. Vou mostrar também que mesmo as crianças muito pequenas conseguem aprender a resolver os seus problemas de relacionamento social. Elas aprendem a fazer isso praticando uma série de técnicas de raciocínio, tiradas do programa que eu chamei de ECSP — Eu Consigo Solucionar Problemas.

Conheça uma família ECSP

A família que nós vamos acompanhar ao longo deste livro, observando o seu progresso por todas as fases do método de ECSP, é um composto de diversas famílias com as quais trabalhei através dos anos. Os episódios e diálogos relatados são reais. Não é incomum que dois filhos de um casal apresentem habilidades diferentes para solucionar problemas. Devido a uma combinação de fatores, que incluem experiências passadas, estilos de disciplina familiar e o temperamento das crianças, os filhos vão apresentar diferenças profundas quanto à habilidade e às tendências para resolver os próprios problemas. A família que vou apresentar é um bom exemplo dessas diferenças.

◆　◆　◆

Em primeiro lugar, gostaria de apresentar o pequeno Alex, de 4 anos de idade. Antes de sua mãe começar a praticar o ECSP com ele, Alex era um menino impulsivo e algumas vezes agressivo, que não conseguia resolver de maneira satisfatória os seus próprios problemas. Ele era incapaz de imaginar que poderia ferir os sentimentos alheios com as suas ações, e também tinha dificuldade em compartilhar as coisas ou de emprestá-las para outras crianças. Alex quase sempre recorria a chutes e ao confisco para obter o que queria, e não parecia se importar com o fato de que essas soluções geralmente o colocavam em apuros. Conquanto muitas crianças de sua idade já demonstrem boa capacidade de solucionar problemas, Alex claramente não era uma delas.

Por exemplo, certo dia na creche Alex emprestou os seus imãs para Jonathan, um colega, mas depois de um tempo sentiu vontade de tê-los de volta. Quando Jonathan recusou-se a devolvê-los, Alex tentou arrancá-los das mãos dele. A resposta de Jonathan foi um soco, e eles começaram a brigar. Alex, vermelho de raiva, começou a gritar e a bater no colega com força. Jonathan, assustado, recuou, de modo que Alex conseguiu o que queria.

Quando Alex viu-se frustrado em seu desejo, a sua inabilidade em pensar numa outra solução para o problema gerou grande tensão e raiva. A possibilidade de se envolver numa briga não o refreou, pois ele era incapaz de (ou pelo menos pouco propenso a) pensar em outras maneiras de resolver a situação. Alex estava provavelmente muito mais ocupado com o que iria fazer "aqui e agora" do que no que poderia acontecer depois.

Em contrapartida, a irmã de Alex, Alison, de 6 anos de idade, reagia aos problemas com as suas amigas de maneira completamente diferente, pois solucionar problemas já era algo que ela sabia fazer muito bem. Por exemplo, certo dia Alison queria que Melissa, uma colega de classe, lhe emprestasse algo. Numa roda de brincadeiras depois do horário escolar, ela pediu que Melissa lhe desse um pote que continha sementes de uma planta. Quando Melissa disse, "Não, eu preciso das sementes", Alison não criou confusão com uma reação impulsiva. A sua habilidade de pensar em opções levou-a a tentar uma nova estratégia com Melissa. "Quando eu ganhar uma bicicleta maior eu vou deixar você dar uma voltinha", propôs. "Eu disse *não!*", gritou Melissa desafiadoramente. Alison então perguntou: "O que você vai fazer com essas sementes?" "Plantá-las, para nascer uma plantinha", respondeu a colega. Minutos depois, Alison voltou com uma pazinha e a ofereceu para a amiga. "Eu planto umas sementes e você planta as outras. Das flores que nascerem, duas são minhas e duas são suas. O que você acha?" Melissa e Alison começaram a contar as sementes, e cada uma plantou "as suas" na terra.

Alison tem muito em comum com outros bons solucionadores de problemas. Quando a primeira alternativa para conseguir o pote de sementes não deu resultado, ela tentou outra solução para o problema, que também não funcionou. Alison, porém, descobriu que Melissa tinha os seus motivos para querer as sementes para si, pois queria que "das sementes nascesse uma planta". Isso abriu uma porta para que Alison sugerisse que cada uma delas plantasse um punhado de sementes. Ela talvez tenha pensado em recorrer a chutes e gritos, e mesmo a tentar agarrar o potinho, e começar uma briga por causa disso; porém, o mais importante é que no final Alison foi capaz de harmonizar os seus interesses com os de Melissa, imaginando outras opções viáveis para o problema. Esse modo de pensar evitou que Alison passasse por uma experiência de frustração e de fracasso.

A nossa extensa pesquisa ao longo dos anos indica que a criança, quando hábil na solução de problemas, consegue, a partir dos 4 anos, às vezes inclusive dos 3, recuperar-se de um revés e pensar em novas maneiras de conseguir o que deseja, o que faz com que saiba lidar melhor com a frustração quando não consegue o que quer. Ao serem colocadas numa situação difícil, descobrem novas maneiras de lidar com os outros, e, como resultado, a mãe não precisa dizer a elas o que devem fazer — elas sabem pensar por si mesmas. Isso torna essas crianças não apenas menos impertinentes e exigentes em relação aos outros, mas também em relação a si mesmas.

Este é o objetivo do ECSP: ensinar as técnicas de solução de problemas às crianças que, por si mesmas, demonstram pouca habilidade nesse quesito, além de incentivar o aprimoramento dessa capacidade em crianças que demonstram intuitivamente desde cedo a proficiência nessas técnicas. Mesmo os bons negociadores conseguem se tornar melhores e transformar o seu dom natural numa qualidade duradoura que evitará conflitos interpessoais mais tarde na vida.

Para ilustrar a maneira de ensinar aos seus filhos as técnicas do ECSP, nós acompanharemos Alex e Alison em seu processo de aprendizado, de prática e de uso desse método de solucionar problemas. Veremos o irmão caçula dos dois, Peter, juntar-se a eles já nos primeiros jogos. Conheceremos também Tanya, amiga de Alison. A mãe de Tanya aprendeu o método para ajudar a sua filha, uma menina extremamente introvertida fora de casa, que perdeu muito da timidez e do medo que ela tinha das outras crianças. Nós veremos como o ECSP desenvolveu o senso de competência social de Tanya, permitindo que ela pudesse se juntar às outras crianças para brincar. Por meio das experiências deste pequeno grupo, nós veremos como as capacidades de raciocínio infantil são formadas a partir da repetição de algumas palavras-chave referentes à solução de problemas, como também da sensibilidade aos próprios sentimentos e aos sentimentos alheios, à geração de soluções alternativas e à consideração das conseqüências.

Ao final, veremos que este processo de raciocínio incentiva a criança a pensar por si mesma quando depara com um problema.

Quando Marie, a mãe de Alex e Alison, começou a usar o ECSP com os filhos, a idéia de lhes dar liberdade para pensarem por si mesmos a preocupava, achando que eles talvez não encontrassem as soluções "corretas" para os problemas. O seu marido, que se uniu à dinâmica quando entendeu o seu funcionamento, concordava com ela. Eu os tranqüilizei, dizendo para eles o que já pudera dizer antes para outros pais preocupados: que a ênfase do enfoque de solução de problemas do ECSP nem sempre está na resposta "correta" ao problema imediato, mas sim em ajudar a criança a exercitar esta capacidade — a de encontrar respostas para os conflitos com os quais se defronta —, pois, assim, no futuro ela poderá lidar com novas situações difíceis à medida que forem aparecendo. Essa ênfase é importante, pois se nós *dizemos* continuamente o que a criança deve fazer, ela não terá oportunidade de pensar por si mesma e explorar outras opções.

Vamos ver como a mãe de Alex costumava falar com ele antes de começar o ECSP. Alex levara os seus ímãs para a escola, e se envolveu num problema quando tentou apanhá-los de volta do seu amigo Jonathan. (Talvez você encontre semelhanças entre as explicações a seguir e as que você mesmo usa):

MÃE: Alex, a sua professora me disse que você tirou os brinquedos do coleguinha de novo. Por que você fez isso?

ALEX: Porque era a minha vez de brincar.

MÃE: Vocês devem brincar juntos, ou um de cada vez. Tirar o brinquedo das mãos dele à força não é certo.

ALEX: Mas os brinquedos são meus!

MÃE: Você tem que aprender a dividir os brinquedos. Você não pode levá-los para a escola se não sabe emprestá-los para os colegas. Jonathan ficou zangado e não vai mais ser seu amigo.

ALEX: Mas, mãe, ele não queria me dar os brinquedos.

MÃE: Você não pode sair por aí arrancando as coisas dos outros. Gostaria que fizessem isso com você?

ALEX: Não.

MÃE: Amanhã você vai pedir desculpas para ele.

Nesse diálogo, a mãe de Alex certamente não deixou margem para que ele escolhesse uma solução "errada". Ela perguntou por que ele havia tirado o brinquedo das mãos do colega à força, mas não escutou a resposta do filho. Ela então lhe explicou as conseqüências da sua ação, e a seguir lhe disse o que deveria fazer — em primeiro lugar, emprestar os brinquedos e depois se desculpar. A mãe de Alex estava tão determinada a ensinar o filho a compartilhar as coisas que não deixou que o menino pensasse ou falasse; ela fez tudo por ele.

No meu trabalho com o ECSP, eu aprendi que as crianças treinadas, quando contam com os recursos necessários e a oportunidade correta, raramente escolhem a solução "errada", pois os seus pais abordam a questão de modo diferente da situação acima. Eles ensinam a seus filhos um conjunto de habilidades de raciocínio que as ajudam a identificar o problema, ver como eles e os outros poderão ser sentir em conseqüência de sua ação, antecipar o que acontecerá a seguir e reconhecer que existe mais de um modo de resolver problemas. Na minha experiência, quando as crianças aprendem a fazer isso, elas quase sempre escolhem a alternativa que é menos negativa tanto para si mesmas como para os outros.

Um resultado objetivo

Vejamos agora como a mãe de Alex ajudou o filho a pensar sobre o incidente do brinquedo depois que se tornou uma mãe ECSP.

MÃE: Alex, a professora me disse que você tirou os brinquedos do coleguinha de novo. Diga-me o que aconteceu.
(*A mãe ajuda a criança a identificar o problema.*)

ALEX: Jonathan pegou os meus ímãs, e ele não queria devolvê-los.
MÃE: Por que você queria os ímãs de volta tão cedo?
(*A mãe obtém mais informações.*)

ALEX: Porque ele tinha ficado bastante tempo com eles.

A mãe de Alex acabou de aprender algo que ela não teria como descobrir se ela simplesmente fizesse ao filho a exigência de dividir as suas coisas. Ela aprendeu que, do ponto de vista do menino, ele havia compartilhado os brinquedos. A natureza do problema subitamente mudou de figura. O diálogo continua.

MÃE: Como você acha que Jonathan se sentiu quando você tirou os brinquedos das mãos dele?
(*A mãe ajuda o filho a pensar sobre os sentimentos da outra criança.*)

ALEX: Furioso, mas eu não me importo. Eles eram meus.
MÃE: O que o Jonathan fez quando você tirou os brinquedos?
(*A mãe ajuda o filho a avaliar as conseqüências do seu ato.*)

ALEX: Ele me bateu.
MÃE: Como você se sentiu quando ele fez isso?
ALEX: Com raiva.
MÃE: Você estava com raiva, o seu amigo também, e ele deu um soco em você. Você consegue imaginar uma maneira de conseguir os brinquedos de volta, sem que vocês dois fiquem com raiva, de modo que o Jonathan não bata em você?
ALEX: Eu poderia pedir para ele.
MÃE: E o que aconteceria?
(*A mãe orienta o filho a pensar também nas conseqüências das soluções positivas.*)

ALEX: Ele diria não.

MÃE: Talvez ele dissesse não. Em que mais você poderia pensar para conseguir os brinquedos de volta?

(Ao se manter concentrada no problema do filho, a mãe o incentiva a encontrar outras soluções para o problema.)

ALEX: Eu poderia deixá-lo brincar com os meus carrinhos.

MÃE: Bem pensado. Você conseguiu imaginar duas soluções.

Dessa vez, a mãe de Alex não tentou resolver o problema da maneira "correta" segundo o seu ponto de vista. Ela não precisou dizer para o filho para emprestar as coisas, ou mesmo explicar para ele por que não se deve pegar os brinquedos à força. Na verdade, quando ela perguntou para Alex por que ele tinha de ter o brinquedo de volta imediatamente, o foco da questão mudou: pegar o brinquedo, de problema, passou a ser a solução para um problema diferente — como ele poderia ter o brinquedo *de volta*.

A mãe de Alex ajudou-o a pensar nos seus próprios sentimentos e nos sentimentos do outro menino, nas conseqüências dos seus atos, e no que mais ele poderia ter feito. Tudo o que essa mãe fez foi ensinar o filho *como* agir, não *o que* fazer. Em outras palavras, a pensar. Ela utilizou um modo de falar que facilita a solução de problemas, um modo que eu chamo de diálogo ECSP.

Eu sei que muitas vezes você deve sentir que os seus filhos não a escutam; porém, o primeiro diálogo de Alex com a sua mãe demonstra que as crianças também sentem que, quase sempre, ninguém as escuta. Enquanto o filho está tentando resolver um problema (nesse caso, "Eu emprestei; agora eu quero os meus brinquedos de volta"), e a mãe tenta resolver outro ("O meu filho tem de aprender a compartilhar"), parece que tudo o que é dito, pedido e até mesmo explicado, termina em frustração tanto para os pais quanto para os filhos. Apesar de Alex não conseguir verbalizar corretamente, ele então começou a sentir que "alguém se importa com o modo como eu estou me sentindo. Alguém se importa com o que eu penso".

Esse exemplo ilustra um diálogo completo do tipo ECSP que inclui todos os passos do processo de raciocínio. Mesmo essa versão longa não leva mais tempo para chegar a uma conclusão do que a discussão, o debate e as muitas explicações que sempre entram por um ouvido e saem por outro. Mesmo assim, depois de usarem o diálogo completo por algum tempo, muitos pais com os quais trabalhei descobriram que não precisam seguir o raciocínio passo a passo todas as vezes. Numa ocasião em que Alex machucou um colega, a sua mãe apenas lhe perguntou: "Essa foi uma boa idéia?" "Você consegue pensar em outras maneiras de resolver o problema?" Esse rápido diálogo de lembrete foi o suficiente para ajudar Alex a pensar em outra maneira, mais positiva, para resolver o problema.

Como Alex e sua mãe conseguiram chegar a esse ponto? Vamos passar para o próximo capítulo para ver como toda essa história começou.

2

Brincando com palavras

O ECSP é sobre conversar com os filhos de um modo que eles aprendam a resolver os seus próprios problemas. Neste capítulo, vamos analisar seis pares de palavras que formam a base dos diálogos do ECSP: É/NÃO É, E/OU, ALGUNS(ALGUMAS)/TODOS(TODAS), ANTES/DEPOIS, AGORA/MAIS TARDE, O MESMO (ou IGUAL)/DIFERENTE.

Embora o seu filho já possa estar familiarizado com todas essas palavras, ou pelo menos com a maioria delas, elas aqui são usadas de um modo especial pelo ECSP e são introduzidas nas atividades em formato de jogos ao longo deste livro. Os seus filhos vão rir quando você disser pela primeira vez: "A mamãe É uma mulher, mas ela NÃO É um gato." Ou então: "Os nossos pés parecem IGUAIS, mas eles têm tamanhos DIFERENTES." Ou talvez mesmo: "Você acha que eu devo comer essa banana ANTES ou DEPOIS de descascá-la?"

Essas palavras são usadas em forma de jogo porque, ao aprender a associar palavras específicas com brincadeiras, as crianças muito provavelmente saberão como usá-las de maneira correta quando tiverem de resolver disputas. Por exemplo, esses pares de palavras podem ser muito úteis para a criança pensar sobre se uma idéia *é* boa ou *não é,* ou então para pensar no que aconteceu *antes* de a briga ter começado — se "ele bateu em você ANTES ou DEPOIS de você bater nele". As crianças gostam de criar alternativas diferentes para a solução de um problema quando associam a palavra *diferente* com divertimento. Elas acabam demonstrando também mais disposição para aguardarem pacientemente *até mais tarde* quando reconhecerem a palavra *depois,* que elas aprenderam em seus jogos.

Apresentação das palavras usadas para solução de problemas

O modo em que Marie apresentou as palavras do vocabulário do ECSP aos seus filhos vai lhe dar uma idéia de como ensiná-las em casa. Sinta-se livre, porém, para criar os seus próprios jogos e seguir as brincadeiras do seu filho sempre que apresentar um novo par de palavras.

Marie decidiu apresentar o ECSP ao seu filho de 4 anos, Alex, durante o período em que Alison estava na escola. (Alex ficava mais atento quando Alison não estava por perto, e Marie também sabia que o filho iria adorar poder contar à irmã sobre o ECSP quando ela voltasse da escola.) "De vez em quando, nós vamos brincar de um jogo chamado *Eu Consigo Solucionar Problemas*", ela disse. Alex sempre ficava contente de poder passar algum tempo com a mãe, de modo que imediatamente gostou da idéia.

"Esses jogos vão ajudar você a se divertir mais quando for brincar com a Alison e com os seus amigos", continuou a mãe. "Eles vão ajudar você a pensar em modos de fazer com que a Alison deixe você mexer nos brinquedos dela, a deixar que ela o deixe sozinho e também conseguir resolver os seus próprios problemas. Não parece uma boa idéia?"

Alex concordou. "Vamos brincar!"

É/NÃO É

O par É/NÃO É oferece fácil compreensão para crianças de 4 anos como Alex. Até mesmo o seu irmão Peter, de 2 anos, poderia brincar com ele.

"Eu começo: Alex É um garoto, mas ele NÃO É um balão. Certo?", perguntou Marie, enfatizando as palavras ECSP.

Alex riu.

"Que outras coisas Alex NÃO É? Alex NÃO É..."

"Eu NÃO SOU uma casa!", riu Alex.

"Certo. Que mais você NÃO É?"

"Eu NÃO SOU... um coelho."

"Eu NÃO SOU um coelho", repetiu Peter.

"Eu NÃO SOU... um peixe", disse Alex.

"Eu também NÃO SOU um peixe", Peter disse com uma gargalhada.

"Eu NÃO SOU um poste telefônico!", exclamou Alex.

E assim a primeira tentativa com um jogo de ECSP foi bem-sucedida. Tanto, na verdade, que Alex não queria parar de brincar, e ficou correndo pela sala apontando para os móveis e objetos e dizendo: "Isto NÃO É uma borboleta." "Isto NÃO É um caminhão." "Aquilo NÃO É um besouro". Marie ficou encantada ao ver o entusiasmo do filho, o que a fez perceber que a brincadeira era tão fácil que poderia ser feita em qualquer lugar, a qualquer hora.

E/OU

Quando, mais tarde, Marie e seu filho foram ao supermercado, continuaram com o jogo É/NÃO É, acrescentando agora o par de palavras E/OU, que usamos quando queremos pensar em alternativas para resolver os nossos problemas.

"Isto É uma laranja", Marie afirmou. "Isto NÃO É um sorvete."

O rosto de Alex se iluminou quando ele reconheceu as palavras do jogo do ECSP. "Também NÃO É... um brinquedo!", ele disse, embarcando de pronto na brincadeira.

"Certo. Hum, deixe-me ver, será que eu vou comprar laranjas OU maçãs? OU será melhor comprar laranjas E maçãs?"

"É, mamãe. Compre maçãs E laranjas."

"Está bem, mas eu só posso comprar um tipo de suco. Devo levar suco de uva OU suco de cereja?"

"Compra os dois, mamãe!"

"Não. Hoje nós temos de escolher este OU este outro."

Alex começou a gritar com a mãe: "Não! Eu quero os dois! Compra os dois!"

"Alex, preste atenção ao jogo", insistiu a mãe, tentando chamar a atenção dele. "Você pode me dizer se o suco de uva É ou NÃO É o suco que você quer. Vamos, diga."

O som familiar das palavras do ECSP parece ter ajudado Alex a se tranqüilizar. Ainda amuado, porém mais calmo, ele deu um tapa na embalagem de suco de uva, dizendo: "Esse NÃO É o que eu quero."

"Muito bem. Você decidiu o suco da sua preferência. Vamos comprar o suco de cereja."

Marie esperava que a familiaridade com as palavras do ECSP *"ou" e "e"* o ajudasse mais tarde a pensar em muitas possíveis soluções para os seus problemas, em vez de se agarrar à primeira solução impulsiva que lhe surgisse na mente.

Como encontrar tempo para o ECSP

Essas brincadeiras, feitas durante os afazeres do dia-a-dia, mostraram a Marie que uma de suas preocupações iniciais quanto ao ECSP era infundada. Quando eu apresentei o método pela primeira vez, Marie me disse: "Eu não tenho tempo para começar um programa de aprendizado sistemático com as crianças." Fiquei feliz em dizer para ela que um dos pontos mais práticos do ECSP era a sua flexibilidade para o ensino do método de solução de problemas.

O primeiro passo do ECSP são os jogos de palavras, uma brincadeira que pode ser feita em qualquer lugar — no carro, no supermercado, durante as refeições, na hora das histórias ou canções de ninar — em todos os lugares onde você normalmente está junto com os seus filhos. Os conceitos dos jogos são posteriormente transferidos para os diálogos que você tem com as crianças em face de problemas reais — em situações comuns a todos os lares: o filho que bateu no colega, que fez cena para chamar a atenção, o filho que interrompe a conversa dos adultos, que se comporta mal na escola, que briga com os irmãos, e assim por diante.

Não existe nada formal, obrigatório ou demorado a respeito dos diálogos do ECSP. Eles foram criados para serem postos em prática em situações normais e rotineiras. Isso era o mais importante para Marie, pois, em suas próprias palavras, "Eu não tenho tempo para ser uma supermãe". Desde o início, Marie me disse que, "Para ser totalmente honesta, se eu consigo acordar os meus filhos a tempo, servir o café da manhã para eles e vesti-los, a minha manhã foi um sucesso. Depois, quando eles voltam da escola, eu tenho de fazer malabarismos para conseguir conciliar o meu trabalho com as reuniões dos escoteiros, às práticas esportivas deles e as compras. À noite, é hora da lição de casa, do jantar, do banho e de colocá-los para dormir. Como eu vou incluir o ECSP numa agenda dessas?"

Você verá, à medida que formos avançando, que o programa do ECSP pode ser incluído até mesmo no dia-a-dia mais frenético. Você pode, se quiser, reservar um horário para os jogos e as atividades, mas também poderá encaixá-los na sua rotina diária.

Mais brincadeiras com jogos de palavras

Naquela noite, Alex quis contar a Alison a respeito do novo jogo.

"Mãe", gritou Alex. "Conte para a Alison sobre o jogo do É e Não É."

"Ele se chama", respondeu a mãe rindo, "o jogo do Eu Consigo Solucionar Problemas. Mas a gente o chama de ECSP."

"Como se joga?", perguntou Alison curiosa.

"Bem, ele começa como um jogo de palavras", respondeu a mãe. "Veja, vamos usar o livrinho de histórias de Peter como exemplo. Olhe aqui para a figura de Mary com o seu carneirinho. Peter, diga para a mamãe quem na figura É o carneirinho."

Quando Peter apontou para o carneiro, a mãe o elogiou, continuando. "Muito bem. Agora, Alex, me diga: o carneirinho É seu colega na escola, ou NÃO É?"

"Ele NÃO É!", gritou Alex.

"Certo. Agora, aponte para mim a menina E o carneirinho."

Alex apontou para os dois.

"Muito bem. Agora aponte para a menina OU para o carneiro."

Alex apontou e sorriu todo orgulhoso para a irmã.

"Isso é fácil demais", disse Alison, levantando-se para sair da sala.

"Espere", disse a mãe. "Tente isto, Alison. Olhe para a ilustração e me diga: A Mary está usando um vestido E um chapéu, OU um vestido mas NÃO um chapéu?"

Depois de pensar nas opções, Alison olhou para a mãe incomodada: "Como assim?"

"Pode pensar e decida se Mary está usando um vestido E um chapéu, OU um vestido, mas NÃO um chapéu."

"Ela está usando um vestido E um chapéu."

"Certo. Viu só? Se você pensar com atenção na pergunta, vai chegar à resposta certa. E agora isto: O carneiro está perto de Mary E da escola, OU só de Mary, mas NÃO da escola?"

Dessa vez, Alison respondeu mais rapidamente: "Ele está perto de Mary E da escola."

A mãe de Alison aumentou a dificuldade do jogo porque a sua graça está nas crianças terem de pensar para responder às perguntas. A familiaridade com essas palavras permitirá que os filhos se acostumem a pensar antes de resolver um problema, o que farão ao analisar as opções, empregando palavras como: "Eu vou conseguir resolver este problema se fizer isto OU aquilo. Talvez eu possa fazer isto E aquilo, mas NÃO aquela outra coisa."

Alex mostrou-se impaciente quando a vez de Alison no jogo começou a se alongar, o que o levou a se levantar e gritar para a sua mãe: "É a *minha* vez."

"Alex, essa É uma boa maneira de pedir a vez no jogo, OU NÃO É uma boa maneira?"

Com um sorriso de reconhecimento, Alex admitiu que NÃO ERA uma boa maneira.

"Bem", disse a mãe, "já está tarde. A gente pode continuar o jogo OU assistir à televisão."

"Se a gente for assistir à tevê agora, podemos continuar o jogo amanhã?", perguntou Alex.

"Sim", garantiu a mãe.

"Eu também?", perguntou Alison.

"Oh, claro. Eu tenho mais jogos de palavras para vocês dois amanhã."

"Está bem", suspirou Alex, fazendo a sua escolha. "Eu vou assistir à tevê."

Missão cumprida. No primeiro dia de ECSP, Alex já tinha tomado uma decisão sem travar uma batalha e Alison ficara interessada em continuar o jogo no dia seguinte. Como se pode depreender dos jogos que Marie fez com as crianças, você também pode ensinar o sentido de palavras para os seus filhos e, ao mesmo tempo, se divertir.

A melhor coisa a fazer é brincar com essas palavras antes de usá-las em situações de resolução de problemas, especialmente se os seus filhos são pequenos e ainda não conhecem todas as palavras do vocabulário do ECSP. Os exemplos a seguir ajudarão você a usar outras palavras do ECSP. Depois, você pode criar novos jogos com livros de ilustrações, revistas, fantoches e bonecas, livros de colorir e programas de tevê. Praticamente todas as brincadeiras de que os seus filhos gostam podem ser adaptadas para a prática das palavras do ECSP.

ALGUNS(ALGUMAS)/TODO(TODA)

As palavras *alguns/algumas* e *todo/toda* ajudam a criança a perceber que uma solução pode funcionar às vezes, mas nem sempre. Para apresentar estas palavras, você pode usar a ilustração da página 37, ou qualquer outra ilustração de outro livro ou revista. Examinando a figura com o seu filho, diga para ele:

"Olhe, eu vou apontar para TODAS as crianças que estão segurando alguma coisa."

"Agora eu vou apontar para ALGUMAS das crianças que estão segurando alguma coisa."

Continue com a demonstração das palavras *algumas* e *todas* enquanto você descreve a ilustração até ter certeza de que eles entenderam o significado destas duas palavras. Você poderá então fazer perguntas como as seguintes:

"TODAS as crianças estão de chapéu, ou somente ALGUMAS delas?"
"TODAS as crianças estão de pé, ou somente ALGUMAS estão de pé?"
"Mostre para mim TODAS as crianças que NÃO estão de pé."
"Aponte ALGUMAS crianças que NÃO estão de pé."
"Observe agora as meninas com atenção. TODAS as meninas estão usando saia, OU somente ALGUMAS das meninas estão usando saia?"
"Mostre para mim uma menina que NÃO está usando saia."

O jogo favorito de ALGUNS/TODOS de Alison foi criado enquanto ela estava trabalhando com a sua mãe no jardim:

"TODAS as flores são vermelhas?", ela perguntou à mãe.
"Não", riu a mãe, reconhecendo um jogo de ECSP.
"Resposta certa", concordou Alison. "ALGUMAS são cor-de-rosa, ALGUMAS são amarelas. Mas TODOS os pés de feijão são verdes, certo?"

Ao entrar correndo no jardim, Alex ouviu o jogo de Alison e apresentou uma idéia própria: "TODOS os ketchupes são vermelhos, não são?", gritou todo orgulhoso.

Brincando com palavras • 37

E assim o jogo continuou com Alex, Alison e sua mãe, que inventavam novas maneiras de praticar o vocabulário do ECSP.

ANTES/DEPOIS

As palavras *antes* e *depois* são conceitos importantes, necessários para a racionalização das conseqüências, pois eles permitem que a criança se dê conta, por exemplo, de que "Ele me disse um palavrão DEPOIS que eu bati nele".

Você pode ensinar esse conceito para os seus filhos até mesmo durante a execução do trabalho doméstico, durante qualquer tarefa que envolva apenas duas etapas, como servir um prato de cereais, escovar os dentes, arrumar a cama, ou até mesmo encher de água um copo:

PAI/MÃE: O jogo de hoje é a respeito das palavras ANTES e DEPOIS. Agora preste atenção ao que eu vou fazer. Eu estou abrindo a torneira. A primeira coisa que eu fiz foi abrir a torneira. Veja o que vai acontecer agora. Eu estou segurando o copo debaixo da torneira e enchendo ele de água.
Muito bem. Primeiro, eu abri a torneira. Depois eu coloquei água no copo. Eu abri a torneira ANTES de colocar água no copo. Eu fiz aquilo em primeiro lugar. Será que eu abri a torneira (*abra a torneira*) ANTES de encher o copo?
FILHO: (*responde*)
PAI/MÃE: Sim, foi ANTES. Eu abri a torneira. O que aconteceu depois?
FILHO: (*responde*)

PAI/MÃE: Eu coloquei água no copo. Eu enchi o copo com água DEPOIS que abri a torneira. DEPOIS é aquilo que acontece a seguir. Será que eu enchi o copo DEPOIS de abrir a torneira?

FILHO: (*responde*)

PAI/MÃE: Muito bem!

AGORA/MAIS TARDE

Agora e *mais tarde* são palavras que ajudam as crianças a lidar com a frustração quando elas não podem ter imediatamente o que desejam. Essas palavras ajudam a ensinar as crianças a esperar, habilitando-as a pensar: "Eu não posso brincar com este brinquedo AGORA. Eu posso brincar com ele MAIS TARDE." O diálogo a seguir vai dar uma idéia de como você pode fazer os seus filhos entenderem este conceito.

PAI/MÃE: Nós estamos brincando de ECSP AGORA. O que é que nós estamos fazendo AGORA?

FILHO: (*responde*)

PAI/MÃE: Sim, AGORA nós estamos brincando de ECSP. MAIS TARDE, vai chegar a hora de dormir. A hora de dormir é AGORA ou MAIS TARDE?

FILHO: (*responde*)

PAI/MÃE: A gente brinca de ECPS ANTES ou DEPOIS de ir para a cama?

FILHO: (*responde*)

PAI/MÃE: Sim, ANTES. Nós vamos dormir ANTES ou DEPOIS do jogo de ECSP?

FILHO: (*responde*)

PAI/MÃE: Sim, DEPOIS. Nós vamos dormir MAIS TARDE.

Os jogos devem ser divertidos. Procure encontrar maneiras de adaptá-los para que eles possam ser inseridos no seu dia-a-dia. Você pode fazer perguntas como essas enquanto conta uma história para o seu filho, ou enquanto ele pinta um livro de colorir. Você pode pedir que ele pinte *todas* as flores (ou outra coisa) de amarelo. Você pode perguntar se o lobo bateu à porta da casa dos porquinhos *antes* ou *depois* que eles a construíram. De manhã, você pode perguntar se deve preparar o jantar *agora* ou *mais tarde*.

MESMO/DIFERENTE

As palavras *mesmo* e *diferente* são usadas como solucionadoras de problemas ao ajudarem a criança a pensar que "pessoas DIFERENTES podem ter sentimentos DIFERENTES a respeito de uma MESMA coisa". Elas também vão aprender que existem modos *diferentes* de resolver o mesmo problema.

Para começar, mostre para o seu filho duas coisas da sala que são da *mesma* cor.

Mostre para o seu filho dois objetos que são redondos.

Mostre para o seu filho duas coisas que são pesadas.

Depois, anuncie: "Muito bem, hoje o jogo do ECSP vai ser com as palavras *MESMO* e *DIFERENTE*."

"Eu vou apontar para dois objetos e você vai me dizer se os dois têm uma MESMA coisa em comum." (*Aponte para duas coisas que têm a mesma cor.*)

"Você consegue adivinhar qual a MESMA coisa nos dois objetos?"

(*Prossiga com dois objetos que têm a mesma forma, o mesmo tamanho, o mesmo peso, etc.*)

"Agora é a sua vez de apontar para dois objetos que têm uma MESMA coisa em comum entre si, e eu vou adivinhar o que é."

(*Se você quiser, pode aumentar o número de objetos iguais para três.*)

Num sábado à tarde, Tanya, a amiga de Alison, foi visitá-la. Tanya era bastante introvertida e, quando exposta a uma situação nova ou desconfortável, retraía-se e ficava muda. A mãe de Alison observou que sua filha sempre assumia um papel de destaque na relação das duas; na verdade, ela adquirira o hábito de falar em nome da amiga.

Marie havia pensado sobre o problema de Tanya quando ela ouviu pela primeira vez sobre o ECSP num dos meus seminários para pais. Eu mencionei que as crianças tímidas e retraídas respondem muito bem ao método da solução de problemas porque ele lhes dá as palavras e os raciocínios necessários para que elas possam se expressar por si mesmas. Também falei que a combinação das palavras do ECSP com movimentos corporais é especialmente útil quando se trabalha com crianças muito ativas, tímidas ou apáticas. Como Alex era muito ativo e Tanya muito tímida, Marie resolveu que poderia usar o seguinte jogo com movimentos corporais para brincar com as palavras *mesmo* e *diferente*.

"Eu levantei a mão. Agora vou levantá-la de novo. Viram? Eu fiz o MESMO movimento. Levantar a mão."

"Agora, eu vou fazer uma coisa DIFERENTE. Eu vou dar pancadinhas no joelho (*dê pancadinhas*). Vocês podem ver que dar pancadinhas (*continue batendo no joelho*) é DIFERENTE de levantar a mão (*levante-a*)."

"Será que as pancadinhas (*faça o movimento*) são DIFERENTES do movimento de mão (*levante a mão*)?"

(*As crianças respondem.*)

"Sim eles são DIFERENTES. Dar pancadinhas no joelho é DIFERENTE de levantar a mão."

"Agora vou continuar dando pancadinhas no joelho (*faça o movimento*). Vocês conseguem fazer a MESMA coisa? (*Espere as crianças responderem.*) Muito bem, nós todos estamos fazendo o MESMO movimento."

(Uma criança apática deve ser incentivada a participar com palavras como "Vamos lá", "agora todos juntos". Dramatize a ação enfaticamente.)

"Vocês conseguem fazer alguma coisa que NÃO seja o MESMO que dar pancadinhas no joelho? (*Deixe as crianças responderem.*) Muito bom, vocês estão (*diga o que elas estão fazendo.*) Isso NÃO é o MESMO que dar pancadinhas no joelho."

"Agora chegou a hora de a brincadeira ficar ainda mais divertida com as palavras MESMO e DIFERENTE. Eu vou bater o meu pé (*bata o pé*). Será que bater o pé é O MESMO que dar pancadinhas na cabeça? (*Deixe as crianças responderem.*) Então, bater o pé NÃO é O MESMO que dar pancadinhas na cabeça. Isso é _____. (*Deixe as crianças responderem* diferente. *Às vezes, é necessário assoprar para elas as opções,* mesmo ou diferente, *pelo menos nas primeiras vezes em que elas participam do jogo.*) Muito bem, eles são DIFERENTES."

"Agora vamos mudar o jogo. Agora eu vou entrelaçar as mãos. Vocês conseguem fazer alguma coisa que NÃO seja o MESMO que entrelaçar as mãos, uma coisa DIFERENTE? (*Deixe as crianças responderem.*) Muito bem, vocês estão (*diga o que eles estão fazendo*). Isso é DIFERENTE de entrelaçar as mãos."

(Repita enquanto houver interesse, perguntando às vezes sobre ações iguais às suas, às vezes sobre ações diferentes.)

Como Alex, Alison e Tanya estavam brincando juntos, Marie deixou que cada uma tivesse a sua vez como líder do jogo. A função do líder era fazer alguma coisa e dizer aos outros para repetirem a mesma ação, ou então para fazerem uma outra coisa diferente.

Quando chegou a vez de Tanya de exercer a liderança, ela baixou a cabeça e se preparou para sair da sala, envergonhada demais para ser o centro das atenções. Marie prontamente trouxe-a de volta ao jogo, anunciando, "Vejam, Tanya está andando; vamos fazer o MESMO movimento que ela." Quando o grupo se levantou e começou a andar, Tanya abriu um grande sorriso e mudou de atitude, passando a dar pulinhos e risadinhas enquanto todos seguiam a sua liderança.

No dia seguinte, Marie tinha certeza de que as crianças podiam passar para jogos mais complicados com as palavras *mesmo* e *diferente*. Como antes, ela escolheu um jogo bem movimentado para manter a atenção de Alex.

"Ei, Alex, olhe", iniciou a mãe. "Eu consigo fazer duas coisas ao MESMO tempo. Eu consigo levantar a mão *e* bater o pé. Você também consegue fazer duas coisas ao MESMO tempo?"

"Sim!", gritou Alex tresloucado. "Eu consigo pular e gritar ao MESMO tempo."

"Com certeza você consegue", riu-se a mãe. "Pense em mais coisas que você pode fazer ao MESMO tempo. Alison, você consegue pensar em duas coisas que você NÃO pode fazer ao MESMO tempo?"

"Como o quê?", perguntou Alison.

"Como pular e sentar-se. Você não pode fazer as duas coisas ao MESMO tempo."

"Veja, mamãe", interrompeu Alex. "O Peter consegue dançar *e* bater palmas ao MESMO tempo."

"Muito bem!", elogiou a mãe. "Alison, diga para Alex duas coisas que ele NÃO consegue fazer ao MESMO tempo."

"Você não consegue dar cambalhotas e beber um copo d'água ao MESMO tempo."

"É claro que eu consigo", gritou Alex, correndo para buscar um copo com água.

"Espere!", chamou a mãe. "Você está brincando? Quem consegue dar cambalhotas *e* beber um copo d´água ao MESMO tempo?"

Alex sorriu; ele sabia a resposta sem que a sua mãe precisasse falar mais.

A mãe sorriu de novo, e continuou: "Vamos fazer mais um jogo das *Duas Coisas ao MESMO Tempo*. Eu consigo sentar-me na cadeira *e* falar ao telefone ao MESMO tempo?"

"Sim", responderam Alison e Alex em coro.

"E o que dizer disso: Alison, será que eu posso falar ao telefone *e* conversar com você ao MESMO tempo?"

"Sim!", gritou Alex.

"Hum, não dá não", respondeu Alison com um sorriso zombeteiro.

"Alex, agora é você: Será que a mamãe consegue preparar o jantar *e* ler uma história infantil ao MESMO tempo?"

"Não", respondeu Alex.

"Então, quando é que dá para a mamãe ler uma história para vocês — ANTES ou DEPOIS do jantar?"

"DEPOIS", gritou Alex com orgulho.

Usando as palavras do ECSP em situações de conflito

Nos dias seguintes, essa mãe continuou a fazer uso do vocabulário do ECSP, tanto em atividades de recreação, como jogos, quanto em conversas com os filhos. A simples repetição das palavras em situações corriqueiras mudou quase imediatamente a maneira como Alex e Alison viam os seus próprios problemas. Em vez de fazerem ouvidos moucos para as ordens da mãe, passaram eles mesmos a brincar entre si com as palavras para a solução de problemas.

42 • *Ensinando seus filhos a pensar*

Depois de apenas uma semana de jogos de palavras do ECSP, Alex e Alison resolveram uma briga da seguinte maneira:

MÃE: O que está acontecendo aqui?

ALEX: Eu peguei primeiro.

ALISON: Eu peguei primeiro.

MÃE: Pegar do outro é *um* modo de ter um brinquedo. O que aconteceu DEPOIS que você o tirou do seu irmão?

ALISON: Nós começamos a brigar.

MÃE: Vocês conseguem pensar numa maneira DIFERENTE de resolver a situação, para vocês não brigarem mais?

ALISON: Eu posso mostrar para ele como brincar com esse brinquedo.

ALEX: Nós podemos brincar juntos.

Caso a mãe tivesse sugerido que Alison mostrasse a Alex como brincar com o brinquedo, e que eles deveriam brincar juntos, é provável que as duas crianças continuassem a discutir indefinidamente. O diálogo do ECSP fez com que os irmãos de 4 e 6 anos pensassem num modo de resolver o problema. Quando a solução parte das próprias crianças, elas tendem a pensar que foi boa.

Os pares de palavras ALGUM/TODOS, MESMO/DIFERENTE e AGORA/MAIS TARDE ajudaram Alex a entender a sua irmã em outra situação. Depois de reclamar para a sua mãe — "Alison não quer brincar comigo" — Marie disse para ele: "Alison agora está fazendo a lição de casa. Você acha que a sua irmã pode brincar com você o tempo TODO, ou só em ALGUNS momentos?"

"O tempo TODO", choramingou Alex.

A sua mãe prosseguiu com o raciocínio: "Será que a Alison consegue fazer o dever de casa e brincar com você ao MESMO tempo?"

"Eu acho que não", responde Alex, ainda insatisfeito.

"Você consegue pensar em algo DIFERENTE para fazer AGORA?", perguntou a Mãe.

Hesitante, Alex respondeu: "Eu vou brincar com o meu caminhão."

"Boa idéia", disse a mãe com orgulho. "Alison vai poder brincar com você DEPOIS."

Até o pequeno Peter conseguia responder com rapidez às palavras do ECSP. À noite, durante o jantar, Peter estava achando muito divertido brincar com a comida e comer com as mãos, mesmo sabendo que isso era proibido. Reprimindo o impulso de repreendê-lo, Marie disse simplesmente: "Todos nós estamos comendo com o garfo e a colher, menos o Peter, que está usando as mãos. Será que Peter está comendo da MESMA maneira OU de maneira DIFERENTE que a gente?"

"De maneira DIFERENTE!", respondeu Alex com satisfação maligna.

"Eu NÃO", gritou Peter. "Da MESMA!" Então, Peter apanhou o garfo e passou a comer a sua comida com ele.

Que modo simples e diferente de motivar Peter a usar os talheres! Não importa se Peter tinha se esquecido da maneira convencional, ou se fez aquilo de propósito, por graça ou desobediência; quando os conceitos do ECSP foram relembrados, eles provaram ser mais eficientes do que exigir, sugerir ou mesmo explicar.

Encontrando oportunidades para usar o ECSP no dia-a-dia

Aqui estão outras maneiras de usar as palavras do ECSP no dia-a-dia para ajudar os seus filhos na solução de problemas. Você pode usar estas oportunidades diárias também para apresentar o vocabulário do ECSP para os filhos mais novos, que ainda não dominam todas as palavras. As palavras *antes* e *depois*, por exemplo, podem confundir algumas crianças de 4 ou 5 anos; estes jogos ajudam a esclarecer o significado delas.

Durante as refeições

"Isto aqui É um hambúrguer. Isto NÃO É uma maçã. Isto também NÃO É _____."

"Isto é um hambúrguer OU espinafre?"

"ALGUNS de nós estamos comendo arroz com feijão, ou TODOS nós estamos comendo arroz com feijão?"

"Isto É um garfo (aponte para o garfo ou pegue-o.) Isto É uma colher. Eles são IGUAIS OU DIFERENTES?"

"A gente descasca a banana ANTES ou DEPOIS de comê-la?"

"Você pode comer o bolo DEPOIS de comer pelo menos um pouco da sua comida."

"Você pode comer a sobremesa MAIS TARDE, não AGORA."

No supermercado

"Isto É um supermercado. Isto NÃO É uma loja de brinquedos. Também NÃO É _____."

"Isto É uma caixa de cereal E uma caixa de leite, mas NÃO É calda de chocolate."

"Mostre-me duas coisas que são do MESMO (formato, tamanho etc.)."

"AGORA nós estamos no supermercado. O que nós fizemos ANTES de vir aqui?"

"Será que a gente consegue estar no supermercado e em casa ao MESMO tempo?"

Assistindo à TV

"Este homem ESTÁ comendo e andando, mas ele NÃO está rindo. Ele também NÃO está _____."
"Será que a gente prefere assistir sempre ao MESMO programa de tevê ou a um programa DIFERENTE?"
"Nós podemos assistir à televisão ANTES ou DEPOIS de fazer a lição da escola?"

No carro

"Isto É um carro, NÃO É um pirulito. Também NÃO É um _____."
"Nós estamos andando de carro E conversando, mas NÃO estamos caminhando. O que mais nós NÃO estamos fazendo? Nós NÃO estamos _____ _____."
"Nós podemos andar de carro E conversar ao MESMO tempo?"
"Nós podemos andar de carro E caminhar ao MESMO tempo?"
"O que nós fazemos DEPOIS de entrar no carro? Nós _____ o cinto de segurança."

Ao vestir os filhos

"Você está vestindo calças OU um vestido?"
"Traga-me as suas meias E os sapatos E a camisa vermelha, mas NÃO a camisa azul."
"A sua camisa E as suas calças são da MESMA cor ou de cores DIFEREN-TES?"
"Você calçou os sapatos ANTES ou DEPOIS de calçar as meias?"
"Você se vestiu ANTES ou DEPOIS de levantar-se da cama?"
"Você consegue ficar deitado na cama e se vestir ao MESMO tempo?"

A qualquer hora

"Hoje É terça-feira. (*Criança responde.*) Não? Hoje NÃO É terça. Oh, É (sábado)."
"Hoje o dia ESTÁ ensolarado. NÃO está chuvoso. Também não ESTÁ _____."
"Você guarda os brinquedos ANTES ou DEPOIS de brincar com eles?"
"ALGUMAS maçãs são vermelhas. ALGUMAS são verdes. Será que TODAS as maçãs são vermelhas?"
"Será que TODAS as cadeiras da sala são verdes?"

"Será que ALGUMAS cadeiras da sala são verdes?"

"TODOS os cachorros são brancos, OU ALGUNS são brancos?"

"De que cores são os olhos das pessoas? TODAS as pessoas têm olhos azuis? Não, ALGUMAS pessoas têm olhos azuis. ALGUMAS pessoas têm olhos _____."

Reagindo ao comportamento

Quando os seus filhos interagem com outras crianças, pergunte para eles: "Isso que você está fazendo (*tirando os brinquedos das mãos dos companheiros de brincadeira, dividindo os brinquedos com eles, etc.*) É uma boa idéia ou NÃO É uma boa idéia?" (*Faça a pergunta com freqüência, tanto se o seu filho estiver fazendo algo positivo quanto negativo.*)

Quando o seu filho importuna você para que lhe dê atenção, diga para ele: "Eu NÃO posso (ler, brincar ou outra coisa) com você AGORA. Pode ser que MAIS TARDE eu possa. Você consegue imaginar alguma coisa DIFERENTE para fazer AGORA?"

Nessas situações, você também pode empregar frases com a estrutura "duas coisas ao *mesmo* tempo". Por exemplo, você pode perguntar: "Eu posso falar com você E falar ao telefone ao MESMO tempo?" Depois que o seu filho responder, você pode emendar com a frase: "Você consegue pensar em algo DIFERENTE para fazer AGORA?"

Quando o seu filho tem de fazer uma escolha, diga para ele: "Você pode comer um bombom OU um pedaço de torta, mas NÃO bombom E torta." Ou então: "Você pode brincar com ALGUNS brinquedos, mas não com TODOS."

Talvez seja uma boa idéia fazer uma lista dos pares de palavras ECSP usadas com os seus filhos. Para lembrar-se delas, afixe-as na porta da geladeira, ou em outro lugar de sua conveniência:

É/NÃO É (ESTÁ/NÃO ESTÁ)	ANTES/DEPOIS
E/OU	AGORA/MAIS TARDE
ALGUNS/TODOS	MESMO/DIFERENTE

O uso das palavras do ECSP durante a sua rotina diária vai ensinar os seus filhos a associá-las com diversão e, até mesmo nesse estágio inicial de diálogo do ECSP, as crianças irão começar a pensar de num modo direcionado à solução de problemas.

3

Entendendo os sentimentos

Numa tarde de primavera, Alex, de 4 anos, viu-se frente a um problema comum, mas a solução que encontrou para ele não foi nada sensível. Ele queria andar de bicicleta, mas ela estava sendo usada por Alison, sua irmã. Sem avisar, Alex empurrou Alison da bicicleta, pulou no selim e saiu pedalando. Essa é sem dúvida uma cena comum em todos os pátios de recreio, e muitos especialistas em desenvolvimento infantil acham que isso acontece porque as crianças pequenas não são capazes de avaliar como as suas ações fazem com que as outras pessoas se sintam. A minha pesquisa descobriu que não se trata disso. Mesmo as crianças em idade pré-escolar podem aprender a sintonizar-se com os sentimentos e usar essas informações para resolver os seus problemas sociais.

Quando as crianças não aprendem a considerar os sentimentos das outras pessoas, elas podem levar essa deficiência para resolver problemas para a sua vida adulta. Vamos tomar o exemplo de Larry, um corretor de imóveis de 30 anos de idade. No escritório em que trabalha, Larry é conhecido pelo seu egoísmo e pela sua insensibilidade. Ele aceita clientes que sabe que deveria passar para outros corretores, marca visitas em horários impróprios e agenda reuniões sem se importar com a disponibilidade dos seus colegas e clientes. As pessoas que trabalham com Larry ficam furiosas e exasperadas, pois ele não pára para se perguntar se as suas ações não estão ferindo os outros.

Na verdade, pessoas como Larry não são necessariamente egoístas ou insensíveis; apenas, elas nunca aprenderam a ter consideração pelos sentimentos alheios ao tomar decisões. Infelizmente, por faltar uma variável na sua equação de solução de problemas, elas fazem poucos amigos e, com freqüência, enfrentam obstáculos na carreira. As crianças, também, muitas vezes perdem amigos e enfrentam obstáculos diários por agirem sem pensar sobre como suas ações poderão fazer com que os outros se sintam.

O segundo passo no programa do ECSP ajuda as crianças a desenvolverem o hábito de pensar sobre os sentimentos enquanto tentam resolver os problemas cotidianos com os quais se defrontam. Uma criança com o problema de Alex vai aprender a parar e pensar: "Se eu não tomar a minha bicicleta de volta, vou ficar zangado, mas se eu empurrar Alison, ela vai ficar zangada." Esse é o primeiro passo para caminharmos na direção contrária de "Larry", e de nos aproximarmos do hábito de pensar numa grande quantidade de soluções, incluindo as mais justas, que demonstram consideração pelas necessidades de todos — uma habilidade que as crianças levarão com elas para a adolescência e a vida adulta.

No momento em que a mãe teve certeza de que Alex e Alison já tinham praticado bastante com as palavras de solução de problemas do ECSP apresentadas no capítulo anterior, reconhecendo-as prontamente e associando-as com os seus jogos, ela começou a acrescentar aos diálogos ECSP palavras e perguntas que descrevem sentimentos. Os sentimentos mais usados na dinâmica de solução de problemas (foco dos jogos do ECSP) são *alegre, triste, zangado, orgulhoso* e *frustrado*.

Tirando conclusões a partir de imagens

Uma tarde, enquanto Alison estava numa reunião escolar com o seu pai, a mãe chamou Alex para que lhe fizesse companhia na cozinha (Peter, de 2 anos, é claro, foi junto). Enquanto ela lhes servia suco, explicou para os dois como usar as palavras do vocabulário do ECSP com as quais tinham brincado na semana anterior para fazer um novo jogo, dessa vez, com sentimentos. A mãe mostrou para Alex as ilustrações da página 48 (Você pode usar estas ilustrações, ou outras escolhidas por você). Usando as palavras *é* e *não*, ela pediu que Alex identificasse nas figuras quais eram as emoções das crianças no desenho.

Apontando para um menino sorridente, a mãe disse: "Este menino ESTÁ sorrindo. Você acha que ele está ALEGRE?"

"Sim", respondeu Alex, sem muito interesse.

Apontando para a menina que chorava, a mãe perguntou: "Esta menina NÃO está sorrindo. Você acha que ela está ALEGRE?"

"Não", respondeu Alex. "Ela está chorando."

"Não", repetiu Peter, fazendo eco ao irmão.

"Como você acha que ela está se sentindo?"

"Eu não sei."

Tentando manter-se paciente e afável apesar das respostas negativas de Alex, a mãe lhe perguntou: "ALEGRE?", ao que fez uma cara alegre. "Ou TRISTE?", dramatizando uma expressão de tristeza.

Percebendo que Alex precisava de estímulo adicional para que se envolvesse ativamente no jogo, ela continuou: "Aponte para a criança que ESTÁ ALEGRE."

Alex apontou para a criança alegre.

"Muito bem. Agora aponte para a criança que NÃO está alegre."

Alex apontou de novo para a criança alegre, rolando ao chão de tanto rir da sua própria resposta boba. A mãe sabia que ele estava tentando provocá-la.

Muitas crianças vão dar, de vez em quando, respostas tolas, irrelevantes ou negativas. Outras vezes elas riem histericamente ou fazem caretas. Se isso acontece enquanto você usa os diálogos do ECSP com seus filhos, siga o exemplo dessa mãe e continue a lição mantendo uma atitude positiva. A raiva e as repreensões apenas ajudam a incentivar esse tipo de comportamento. O comportamento tolo quase sempre diminui à medida que a criança se familiariza com os conceitos do programa. Quando o seu filho "abobalhado" dá uma resposta normal, elogie o esforço dele.

Alex, Peter e a mãe continuaram com o jogo, pulando da criança sorridente para a criança que não sorri, da criança que chora para a que não chora, da triste para a que não está triste. Quando Alex e Peter respondiam incorretamente (de propósito ou não), a mãe simplesmente repetia (enfatizando as suas palavras com as expressões faciais) que a criança alegre provavelmente sente-se alegre, e que uma criança chorosa provavelmente sente-se triste, e então fazendo novamente a pergunta.

A mãe e Alex ainda estavam jogando quando Alison e seu pai chegaram. Alison, ao ver as ilustrações, perguntou para que elas serviam, e Alex inesperadamente se tornou um especialista entusiasmado nas palavras de expressão de sentimentos do ECSP.

"Você tem de apontar para uma das figuras", começou a explicar para a irmã, "e dizer se o menino ou a menina estão ALEGRES ou TRISTES. Assim: ela está TRISTE" (*disse apontando para a garotinha*).

"Como você sabe?", perguntou o pai.

"Porque ela está chorando", respondeu Alex, ao que Peter começou a imitar uma expressão de tristeza e choro.

"Eu consigo brincar", disse Alison. "Veja." (*Apontando para o menino*) "ALEGRE." (*Apontando para a menina*) "TRISTE. Viu? É fácil."

"Buaaaá!", Alex começou a bater na irmã, pois achava que ela ficaria mais interessada no novo jogo.

"Alison", interrompeu a mãe, "Alex e Peter gostam de brincar de apontar os rostos. Vamos ver se vocês conseguem lembram como usar duas palavrinhas do nosso vocabulário com estas figuras."

"Como assim, mãe?", perguntou Alison.

"Será que o menino e a menina (*apontando para o rosto alegre e o rosto triste do desenho*) têm os MESMOS sentimentos, ou será que têm sentimentos DIFERENTES?"

"DI-FE-REN-TES", respondeu Alison, começando a achar graça na brincadeira.

"Sim", disse a mãe. "Eles têm sentimentos DIFERENTES. Eles não têm o MESMO sentimento. Muito bem. Será que você e Alex às vezes não sentem coisas DIFERENTES a respeito de uma MESMA coisa?"

"Sim", respondeu Alison.

"Agora vamos nos preparar para dormir", disse o Pai, "e vocês, crianças, poderão continuar a brincadeira amanhã."

Nos diálogos futuros do ECSP, a mãe vai continuar enfatizando as palavras *mesmo* e *igual*, de um lado, e *diferente*, de outro, para ajudar os filhos a perceberem que diferentes pessoas podem se sentir de muitas maneiras diferentes a respeito da mesma coisa.

Como descobrir os sentimentos das outras pessoas

No dia seguinte, depois do jantar, a mãe deu seqüência ao jogo dos sentimentos, com ênfase nos três modos pelos quais nós podemos descobrir como as outras pessoas estão se sentindo.

"Vamos falar um pouco sobre os nossos olhos e ouvidos", a mãe disse. "Mostrem para mim os seus olhos." Mamãe apontou para os seus, e Peter, Alex e Alison apontaram para os seus respectivos olhos. "Eu posso ver com os olhos. O que você faz com os olhos?", perguntou para Alex.

"Eu também vejo com os olhos!", disse Alex.

"Eu também!", disse Peter.

"Agora mostrem para mim os ouvidos." Mamãe apontou para os seus ouvidos, e Peter, Alex e Alison apontaram para os seus. "Nós podemos ver com os nossos ouvidos?", perguntou para Alison.

"Não!", gritou a filha. "Com os ouvidos nós ouvimos."

"Você está certa", concordou mamãe. "E os olhos?", perguntou para provocar os filhos. "Vocês conseguem ouvir com os olhos?"

"Mãaaae!", começou a rir Alex.

"Nós NÃO conseguimos ouvir com os olhos. Você é boba", Alison gargalhou.

"Vocês são muito espertos", disse a mãe. "Vocês sabem que nós podemos ver com os olhos e ouvir com os ouvidos. Muito bem, agora eu quero ver o quanto vocês são sabidos." A mãe cobriu o rosto com uma folha de papel e começou a rir exageradamente. "Eu estou TRISTE ou eu estou ALEGRE?"

"Você está ALEGRE", gritaram em uníssono Alex e Alison.

"ALEGRE", concordou Peter.

"Como vocês sabem que eu estou ALEGRE?"

"Por que você está rindo", respondeu Alison.

"Como vocês podem saber que eu estava rindo? Vocês viram isso com os seus próprios olhos?"

"Não", respondeu Alex.

"Vocês me ouviram então?"

"Sim", respondeu Alison.

"Sim, vocês me ouviram, usando os ouvidos. Vamos tentar de novo."

A mãe repetiu a brincadeira, dessa vez escondendo o rosto e imitando o choro. Novamente, Alex e Alison adivinharam que ela estava triste, pois podiam ouvir o seu choro.

"Nós acabamos de descobrir dois modos de identificar como as pessoas se sentem. Uma maneira de saber se alguém está ALEGRE é ver com os próprios olhos." A mãe então apontou para os próprios olhos. "Outro modo é ouvindo." Ela então apontou para os próprios ouvidos.

"Existe mais uma maneira de saber como as pessoas estão se sentindo", continuou a mãe. Dessa vez, ela manteve o rosto com uma expressão neutra, sem demonstrar emoções. Por fim perguntou: "Vocês podem dizer como eu estou me sentindo?"

"Você está zangada", chutou Alex.

A mãe fez sinal negativo.

"Você está pensando", disse Alison, tentando adivinhar.

A mãe novamente sacudiu a cabeça. "Como vocês podem saber como eu estou me sentindo?", perguntou.

"Como?", quis saber Alison.

"Vocês podem *perguntar* para a pessoa como ela está se sentindo. Perguntem para mim como eu me sinto."

"Eu primeiro!", exclamou Alex, querendo passar à frente da irmã. "Como você está se sentindo, mamãe?", perguntou.

"Eu estou ALEGRE. E vocês, como estão?"

"Eu estou alegre", respondeu Alison.

"Eu estou cansado", disse Alex.

"Como é que eu descobri como vocês estavam?"

"Você nos perguntou", responderam em uníssono Alison e Alex, enquanto Peter observava e ria.

"É, eu fiz uma pergunta, pois esse é um bom modo de saber como as pessoas estão se sentindo."

Este exercício ajuda as crianças a levar em consideração os sentimentos dos outros. Essa habilidade dará várias opções aos seus filhos quando eles tiverem de lidar com problemas em casa, na escola, ou em qualquer outro lugar. Eles aprenderão a julgar como as pessoas se sentem em conseqüência de suas ações e decisões.

Enquanto fazia o jogo, Marie começou a pensar sobre como ela mesma costumava determinar como os seus filhos estavam se sentindo. Lembrou-se de uma ocasião em que descobriu como Alison estava se sentindo ao *observar* o que ela fazia. Quantas vezes, ela pensou, já tinha perguntado para os filhos sobre os sentimentos deles? Depois de meditar sobre isso, Marie deu-se conta de que ela, quase sempre, só conseguia saber o que eles estavam sentindo quando ouvia os seus risos, choro ou gritos. Marie compreendeu que poderia aprender muito mais sobre os sentimentos dos filhos se usasse as técnicas do ECSP para si mesma.

Usando o mesmo tipo de atividade que deu início a essa exploração dos sentimentos, você pode mudar o foco para a palavra *zangado*, ao pedir aos filhos examinarem a figura da página 52. Repita a atividade com "olhos" e "ouvidos", criando um diálogo que responda às seguintes perguntas:

"Este menino parece estar ALEGRE?" "Como você pode saber?"

"Você pode ouvi-lo com os ouvidos?", "Você pode vê-lo com os olhos?"

"Se você pudesse perguntar para ele, 'Como você está se sentindo?', você acha que ele responderia que está ZANGADO?"

"Você pode ver isso com os seus olhos?"

"Como você acha que uma pessoa fica quando está ZANGADA?"

"Este menino está sentindo a MESMA coisa, ou uma coisa DIFERENTE do menino da página 48, que está sorrindo?"

52 • *Ensinando seus filhos a pensar*

"O que será que levou esse menino a ficar ZANGADO?"
"O que leva *você* a ficar ZANGADO?"

As crianças ficam à vontade para falar das coisas que as deixam zangadas porque o modo lúdico do jogo as protege, fazendo com que elas se sintam seguras para falar sobre emoções incômodas.

À medida que Marie começou a ajudar os filhos a pensar sobre as próprias emoções e também sobre as alheias, ela foi levada a pensar sobre os *seus próprios* sentimentos, e sobre como eles afetam os outros, incluindo os seus filhos.

Durante esse jogo de palavras sobre emoções, você poderá fazer a si mesmo algumas perguntas do ECSP: O que o seu filho faz que deixa você alegre, triste ou zangado? E, depois, inverta a pergunta: O que *você* faz que deixa os seus filhos alegres, tristes ou zangados? As respostas a essas perguntas simples vão levar você a perceber em que medida você leva em conta os sentimentos das outras pessoas na sua própria vida.

Certo dia depois da escola, Alison, sua amiga Tanya e Marie aguardavam no ginásio esportivo o começo do jogo de futebol das meninas. Marie então já completara o jogo de sentimentos com Alex e Peter com as palavras *alegre, triste* e *zangado*. As emoções de frustração e orgulho são complexas e difíceis de serem compreendidas por crianças muito pequenas. Porém, ela decidiu ver se Alison e Tanya conseguiriam prosseguir com as novas palavras do ECSP, *frustrado* e *orgulhoso*.

"Você já se sentiu FRUSTRADA ao tentar fazer um gol, mas errar o chute?", Marie perguntou para Alison.

"O que é FRUSTRADA?"

"FRUSTRADA é como nos sentimos quando as coisas não saem da maneira como gostaríamos que saíssem, ou quando nós desejamos algo que não podemos ter. Por exemplo, como você se sente quando quer falar com alguém, mas essa pessoa está ocupada?"

"Zangada", disse Alison.

"ZANGADA e... qual é a nossa nova palavra importante?", perguntou Marie.

"FRUSTRADA."

"Muito bem. E você, Tanya? Como você se sente quando quer assistir à televisão, mas a sua mãe diz que é hora de dormir?"

Tanya desviou o olhar de Marie, e Alison adiantou-se e respondeu com vivacidade em lugar da amiga, "FRUSTRADA".

"Você se sente FRUSTRADA, Tanya?"

Tanya apenas balançou a cabeça em sinal afirmativo.

"Muito bom, Tanya. Você também pode se sentir FRUSTRADA quando tenta fazer alguma coisa e não consegue. Como, por exemplo, tentar andar de *skate*, mas não conseguir ficar de pé e só levar tombos. Ou tentar amarrar o cadarço dos tênis, mas não conseguir. Você já se sentiu assim, Alison?"

"Sim, quando leio", respondeu Alison. "Eu tento eu mesma ler os meus livros, mas não consigo."

"Este é um bom exemplo", elogiou Marie. "Esse sentimento de tentar ler uma história, mas não conseguir decifrar todas as palavras, se chama FRUSTRAÇÃO. E você, Tanya, o que faz você se sentir FRUSTRADA?"

Quando Tanya fitou Marie sem saber o que responder, Alison prontamente partiu em socorro da amiga. "É como no dia em que você não conseguiu ficar de ponta-cabeça. Isso não é ficar FRUSTRADA?"

Marie então perguntou, "Tanya, você se sentiu FRUSTRADA quando não conseguiu se equilibrar de ponta-cabeça?"

Tanya fez sinal afirmativo.

"Bem", continuou Marie, "eu sei que agora você já consegue ficar de ponta-cabeça. O sentimento que você teve quando finalmente conseguiu se equilibrar é chamado de satisfação ou ORGULHO. Eu fiz uma comida deliciosa ontem à noite e fiquei ORGULHOSA. Uma menina que eu conheço disputou uma prova de corrida e ganhou; ela ficou ORGULHOSA. Alison, o que faz com que você se sinta ORGULHOSA?"

"Eu não sei."

"Bem, como você se sente quando recebe uma nota alta numa prova? Esse sentimento é chamado ORGULHO."

"E quando eu ponho a mesa sem você precisar me pedir?", perguntou Alison.

"Sim, esse é um bom exemplo. Você provavelmente fica ORGULHOSA quando faz isso. E, você, Tanya, o que faz com que você fique ORGULHOSA?"

Quando Tanya permaneceu calada, Marie fez um sinal para Alison não responder pela amiga, e então perguntou: "Tanya, a Alison me disse que você desenhou uma casa que ficou tão bonita que a professora colocou o desenho no mural da classe. Você ficou ORGULHOSA quando ela fez isso?"

Tanya concordou com um sinal de cabeça.

"Muito bem", disse Marie, sabendo que Tanya ainda demoraria um tempo até perder a inibição e participar verbalmente do jogo do ECSP.

"Bem, meninas, e o que vocês me dizem de darem tudo de si no jogo? Isso vai me deixar muito ORGULHOSA. Certo?"

"Certo, mamãe", riu-se Alison.

Tanya apenas sorriu.

Se os seus filhos são tímidos e introvertidos como Tanya, facilite para eles a participação nos jogos de ECSP e nos diálogos. Faça perguntas simples, perguntas às quais eles possam responder com uma palavra ou com um sinal afirmativo ou negativo. É o caso, por exemplo, da pergunta "Quando você aprendeu a andar de *skate*, você se sentiu ORGULHOSO ou ZANGADO?" Se você elogiar e estimular os seus filhos em todos os níveis de participação, dando espaço para eles participarem, você logo verá que o ECSP os equipará com os processos de raciocínio de que eles precisam para se sentirem mais seguros quanto a verbalizar as suas necessidades e os seus sentimentos.

Enquanto Marie assistia ao jogo de futebol de Alison e Tanya, ela começou a meditar sobre os sentimentos de frustração e satisfação. Você pode fazer o mesmo ao fazer para si mesmo perguntas deste tipo:

"Quando foi a última vez que o meu filho sentiu ORGULHO de mim?"

"Quando foi a última vez que eu me senti orgulhosa do meu filho?"

"Quando eu me senti FRUSTRADA a respeito de algo?"

"Será que o meu filho já se sentiu FRUSTRADO comigo?"

No decorrer do ensino das palavras que expressam sentimentos para os seus filhos, as respostas que você dá a essas perguntas irão torná-lo mais sensível para o ponto de vista do seu filho e para o seu próprio. Você talvez venha a perceber que *todos* vocês *não* vêem as coisas *da mesma* maneira durante o tempo *todo*.

Falando sobre os sentimentos

Com pequenas alterações, muitas das atividades de que os seus filhos gostam podem ser usadas para praticar pensar e expressar sentimentos.

Contar histórias

Quando você estiver lendo histórias infantis para os seus filhos, faça pausas e pergunte se eles conseguem adivinhar quais são os sentimentos de um dos personagens do livro. Pergunte como eles chegaram a essa conclusão. Independentemente do enredo da história, tire um tempo para falar com eles sobre os sentimentos de cada personagem da história.

A hora de ler e contar histórias também é uma boa oportunidade para criar histórias sobre pessoas e os sentimentos delas. Incentive a criança a acrescentar detalhes ao enredo que expliquem por que um personagem ficou triste, e o que ele deve fazer para voltar a ficar alegre. Conte às crianças sobre os sentimentos do herói, ou da heroína, quando ele ou ela derrota o bandido. Pergunte aos seus filhos se eles já se sentiram como os personagens da história.

Desenhar

Marie decidiu reforçar para Alex a idéia dos sentimentos das outras pessoas com desenhos, pois essa era uma das atividades favoritas dele. Ela pediu que Alex desenhasse um rosto de expressão alegre. Marie também fez um desenho. Depois, pediu que Alex desenhasse outro rosto, agora de expressão triste.

"Como nós sabemos qual rosto é o TRISTE e qual é o ALEGRE?", perguntou ao menino.

"Porque um ESTÁ sorrindo e o outro NÃO", raciocinou Alex.

Marie reforçou a observação de Alex perguntando: "E como você sabe que ele está sorrindo? Você pode ver com os seus _____ (*apontou para os seus próprios olhos*)?"

Alex respondeu imediatamente: "Sim!"

Apontando para a figura desenhada, Marie, mostrando um leve sorriso nos lábios, perguntou com ar zombeteiro: "Você pode perguntar para ele?"

Alex riu. "Não, sua boba. A gente não pode fazer perguntas para um desenho." Alex e a mãe prosseguiram desenhando animais, flores, abóboras e bonecas tristes e alegres.

Se você escolher a brincadeira de desenhar, pode ajudar o seu filho a procurar, em livros de colorir, rostos alegres, tristes, satisfeitos e frustrados, para ele pintar.

Fantoches

As brincadeiras com fantoches são uma maneira maravilhosa de reforçar os conceitos do ECSP. (Se você não os tem, qualquer boneca, bicho de pelúcia, sacola de papel com um rosto desenhado com lápis de cera, ou mesmo um par de meias serve.) Invente historinhas que retratem situações alegres e tristes. Você também pode acrescentar personagens à trama que ajudem os protagonistas a se sentirem melhor. Fazendo mudanças de voz para incorporar os personagens, o seu teatro de fantoches ficaria mais ou menos assim:

CACHORRO: Eu acho que vou chorar.
GATO: Por quê? Qual é o problema?
CACHORRO: Todos os outros cachorros saíram para brincar e não me convidaram para ir com eles.
GATO: (*falando para as crianças*) Como vocês acham que o cachorro está se sentindo?

Depois que o seu filho, ou filha, responder, o gato reitera a resposta: "Sim, TRISTE. O que mais faz *você* ficar TRISTE?"

Permita que os seus filhos manuseiem esses amigos fantoches freqüentemente para ajudá-los a expressar os seus sentimentos e criar suas próprias histórias sobre os seus próprios sentimentos e os sentimentos das outras pessoas.

Jogos de Palavras

Jogos de palavras que expressam emoções podem ser usados para reforçar esta lição até mesmo quando você está dirigindo, lavando louça ou cuidando das crianças. Por exemplo, diga para elas quando vocês estiverem fazendo alguma refeição:

"Eu vou contar para vocês três coisas que me deixam ALEGRE. Escutem com atenção, pois vocês vão ter de lembrar das minhas palavras: um, quando tomo sorvete; dois, quando uso as minhas jóias; três, quando vocês sorriem. Quem consegue lembrar das três coisas?"

"Agora vou acrescentar uma quarta coisa à minha lista. Prontos? Um, quando tomo sorvete; dois, quando uso as minhas jóias; três, quando vocês sorriem; quatro, quando vocês *não* gritam. Quem consegue lembrar das quatro coisas?"

Vá acrescentando mais itens até que os seus filhos não consigam lembrar de todos eles. Depois, inverta os papéis e deixe que os seus filhos façam as próprias listas, para você tentar recordá-las. Essa brincadeira pode ser feita com qualquer uma das palavras que expressam sentimentos.

É divertido pensar nas coisas que afetam os sentimentos das outras pessoas. Pensar sobre os sentimentos, tanto alheios quanto pessoais, fornece um leque de opções para a solução de problemas que não estão disponíveis à criança que só pensa nas suas próprias necessidades do momento.

Jogos de TV

A programação de tevê oferece ótimas oportunidades para falar sobre sentimentos. Com qualquer dos programas infantis a que os seus filhos assistem, você pode usar diálogos como os que vou mostrar abaixo, incentivando-os a usar as habilidades de raciocínio do ECSP adquiridas até aqui.

"Veja, aquele menino está sorrindo." "Como ele está se sentindo?" "Como vocês sabem que ele está ALEGRE?" "Vocês podem vê-lo rir com os seus próprios olhos?" "Com os ouvidos, vocês conseguem ouvir o que ele diz?" "Vocês podem perguntar para ele?"

"Por que o (*nome do personagem*) está ZANGADO? O que aconteceu para que ele se sentisse assim?"

"Olhe, a menina está chorando. O que teria que acontecer para ela voltar a ficar ALEGRE?"

Criando o seu próprio jogo

Na minha experiência com as famílias que utilizam o ECSP, eu observei que as crianças, ao descobrirem o significado de uma nova emoção, não demoram para criar os seus próprios jogos com elas. Esse é um bom sinal de que elas entendem os jogos e se divertem com eles. Isso também dá ao programa do ECSP uma flexibilidade que o torna único em cada família.

Marie ficou encantada com um jogo que Alex criou por si mesmo. Enquanto sorria, ria e pulava pela casa, ele disse para a mãe que estava fingindo ser um ator de televisão que estava alegre. Quando Marie perguntou por que ele estava alegre, Alex rapidamente decidiu que era o dia do aniversário do ator. A seguir, Alex começou a imitar um ator triste. Novamente, Marie perguntou por que ele estava triste. "Porque", disse Alex, "ele não tem amigos com quem brincar."

Esse jogo diferente, que permite dramatizar as mais diversas circunstâncias de alegria ou tristeza, incentivou Alex a pensar sobre as coisas que fazem as outras pessoas se sentirem alegres ou tristes. O jogo se transformou no preferido de Alex (talvez por tê-lo criado), e nas sessões posteriores ele passou a empregá-lo para dramatizar as emoções das outras pessoas. Se o seu filho conseguir imaginar atividades focadas nos sentimentos, não pense duas vezes e o acompanhe no jogo.

O uso do ECSP em situações problemáticas

A primeira oportunidade para testar a utilidade dessas atividades veio quando Alex começou a desenhar nas paredes da casa. Antes do ECSP, Marie teria dito algo do gênero: "Alex, não desenhe nas paredes porque fica uma bagunça e depois é difícil de limpar. Eu vou ajudar você a descobrir onde desenhar, mas não faça isso de novo, entendeu?" Alex teria respondido obedientemente, "Sim, mamãe", mas provavelmente uma semana mais tarde voltaria à parede com o lápis de cor. Embora Marie anteriormente tivesse tentado usar métodos tirados de livros, como explicar à criança por que a sua ação estava errada, ou oferecer alternativas positivas à criança, ela ainda estava fazendo todo o raciocínio em lugar do filho, de modo que as respostas que obtinha eram totalmente diferentes de uma resposta ECSP. Ao perceber que Alex efetivamente não escutava as suas repreensões, e nem mesmo as suas explicações, Marie tentou um diálogo mais ou menos assim:

MÃE: Quando você faz uma coisa que eu NÃO quero que você faça, como você acha que eu me sinto?
ALEX: Zangada.
MÃE: Nós nos sentimos da MESMA maneira OU de maneira DIFERENTE por causa disso?
ALEX: De maneira diferente.
MÃE: Você sabe por que eu NÃO quero que você desenhe nas paredes?
ALEX: Porque são difíceis de sair.
MÃE: E por que mais?
ALEX: Porque fica bagunçado.
MÃE: Você consegue pensar num lugar DIFERENTE para desenhar onde você não faça bagunça e eu NÃO fique ZANGADA?
ALEX: (*depois de um tempo*) No papel.
MÃE: Bem pensado.

Com o uso das palavras *não, o mesmo, diferente* e *ou*, que Alex aprendera em jogos anteriores, a mãe o ajudou a pensar no motivo pelo qual ela não queria que ele desenhasse nas paredes, como também a pensar num lugar alternativo para os seus desenhos. Esse gênero de diálogo permitiu que Alex pensasse sobre *como* ele poderia mudar o seu comportamento, e não que simplesmente respondesse às orientações para mudar o seu comportamento.

Mais tarde, naquele mesmo dia, Marie entrou no quarto de Alison, que estava em completa desordem, com brinquedos, travesseiros e roupas espalhados pelo chão. Sentindo-se exasperada, Marie não conseguiu conter a raiva, mas ainda assim manteve-se fiel às palavras do vocabulário ECSP para lidar com a situação.

"Alison!", gritou Mamãe. "Como você acha que eu me sinto quando eu encontro o seu quarto nessa desordem?"

Reconhecendo um diálogo do ECSP, Alison deu um sorriso amarelo, envergonhada, e tentou adivinhar: "Triste?"

"Não, eu NÃO estou triste. Você sabe o que fazer para descobrir como eu me sinto?"

"Eu posso perguntar, certo?"

"Certo!", disse a Mãe. "Vamos lá, pergunte."

"Como você está se sentindo, mamãe?"

"Eu estou muito zangada e também FRUSTRADA. Você lembra do significado de FRUSTRADA?"

"Sim, é como quando eu tentei ganhar o jogo, mas não consegui."

"Exatamente. Bem, eu pedi milhares de vezes para você deixar este quarto arrumado, e olhe como eu o encontro. Como você acha que eu me sinto?"

"FRUSTRADA", respondeu Alison.

Talvez você já tenha se sentido assim, mas os seus filhos não tenham entendido a sua reação, pois não conheciam o significado da palavra *frustração*, ou não tinham dado muita atenção a ela.

A mãe continuou: "Você consegue pensar num lugar DIFERENTE para guardar as suas roupas, para que eu não me sinta assim?"

"Sim", respondeu Alison. "Eu posso colocá-las no guarda-roupa e também encontrar um lugar DIFERENTE para os brinquedos."

"Muito bem, você decide onde pendurar as roupas e onde guardar os brinquedos. Isso vai me deixar ORGULHOSA de você."

"OK, mamãe."

Nesse diálogo, a mãe de Alison ajudou-a a entender como o seu quarto desarrumado afetava o humor de uma outra pessoa. Além disso, ao não dar a Alison a escolha sobre se deveria ou não arrumar o seu quarto, ela permitiu que a menina decidisse *como* ela iria arrumar o seu quarto.

Alguns pais já expressaram, para mim, o receio de que o ECSP iria tirar deles o controle sobre os filhos ou o direito de aplicar a disciplina. Como o exemplo acima mostrou, isso não deve ser motivo de preocupação. A disciplina cujo único objetivo é o controle do comportamento infantil ou o ensino do que deve e o que não deve ser feito, torna as crianças desamparadas e diminui a autoestima delas. Com o ECSP, no entanto, a disciplina significa ajudar a criança a pensar a partir de padrões de comportamento adaptáveis; significa dar a elas uma sensação de controle sobre a própria vida. Nesse sentido, a abordagem de solução de problemas do ECSP *é* disciplinadora.

Isso não quer dizer que você não deva jamais ficar zangado com os seus filhos enquanto usa o ECSP. Isso seria antinatural. A própria raiva é um sentimento com o qual a criança deve aprender a lidar. Elas podem aprender a fazer isso se forem incentivadas a pensar sobre a raiva como um problema social — e se a raiva e os descontroles emocionais não forem as maneiras mais comuns de lidar com as confrontações em casa. A mãe de Alison ficou muito zangada quando viu o quarto da filha totalmente bagunçado, porém ela não perdeu o controle sobre a sua filha e nem abdicou do seu direito de discipliná-la.

Minidiálogos do ECSP: Situações problemáticas

Ao desenvolver o programa do ECSP para você e para os seus filhos, eu reconheci a necessidade de não só ajudar você a ensinar as crianças a pensar e a entender o seu ponto de vista, mas também ajudar você a se tornar mais sensível à perspectiva dos seus filhos. Quando isso acontece, você verá que a disciplina adquire um enfoque novo e mais positivo.

Minidiálogos do ECSP: Situações problemáticas

Compare o modo como os pais descritos abaixo falavam com seus filhos antes do ECSP e como eles aprenderam a usar os conceitos do ECSP tratados até aqui.

Quando o seu filho o interrompe

Antes do ECSP, a mãe de Tim costumava dizer para ele: "Você está me deixando furiosa! Você sabe que eu não posso ter uma conversa no telefone e falar com você ao mesmo tempo. Deixe-me em paz!" Depois de conhecer o ECSP e brincar com as palavras, ela agora diz para Tim: "Será que eu consigo falar com você E com a minha amiga ao MESMO tempo?" Ela também pode acrescentar: "Como você acha que eu me sinto quando você me interrompe quando estou falando ao telefone?" Quando é necessário, ela prossegue com as palavras: "Como você acha que a minha amiga se sente quando eu preciso parar de falar com ela para atender você?" Quase sempre Tim se mostra disposto a esperar que a mãe lhe dê atenção, quando ela o relembra: "Eu sei que você tem algo importante para me dizer. Eu vou escutar o que você tem a dizer DEPOIS que eu terminar de falar com a minha amiga ao telefone. Você consegue pensar em algo DIFERENTE para fazer enquanto espera por mim, algo que deixe nós dois felizes?"

Esse uso do vocabulário do ECSP ajuda a criança a pensar no efeito que as suas interrupções têm sobre os nossos sentimentos e os dos nossos amigos. Ele também cria uma atmosfera familiar diferente para melhor, do que caso simplesmente ignorássemos os nossos filhos, ou ralhássemos com eles. Uma mãe praticante do método ECSP me contou que quando o seu filho de 6 anos a interrompeu quando ela estava tentando falar com o médico, ela voltou-se para ele e simplesmente disse, "Será que eu consigo falar com você E com o médico ao MESMO tempo?" Com um sorriso de satisfação, a criança respondeu: "Não, eu vou pensar em alguma coisa DIFERENTE para fazer."

Quando o seu filho não presta atenção

Um modo não-ECSP de lidar com uma criança desatenta é a de ralhar com voz zangada: "Você sabe que eu detesto quando você não me ouve. Olhe aqui e preste atenção ao que eu vou dizer!" Outro modo é falar sobre os seus sentimentos: "Eu fico ZANGADA quando você não me escuta." Embora esta resposta não seja tão ameaçadora quanto a primeira, porque você está dizendo à criança como você se sente, ainda assim você está fazendo todo o raciocínio em lugar da criança.

Um pai adepto do método do ECSP foi pedir ao filho que *pensasse* a respeito dos sentimentos do pai e da mãe. "Se você NÃO presta atenção quando eu falo, como vai saber como eu me sinto? O que você pode fazer para que eu NÃO me sinta assim?"

Quando o filho quer algo numa hora imprópria

O pequeno Sean, de 4 anos de idade, queria que a sua mãe lesse uma história para ele. Quando ela lhe disse que estava ocupada, ajudando a irmã dele com a lição de casa, ele continuou a choramingar, "Eu quero que você leia uma história *agora!*" Antes do ECSP, esta mãe diria: "Você deve aprender a esperar. Você não pode ter tudo no minuto exato em que pede as coisas. Se você continuar assim, eu não vou ler história nenhuma. Você não está sendo justo com a sua irmã."

Depois de ter praticado os jogos com as palavras *todo* e *algum*, a mãe de Sean virou-se para o filho e perguntou: "Como será que a sua irmã iria se sentir se eu lesse historinhas para você o tempo TODO e NÃO ajudasse ela por ALGUM tempo?" Sean reconheceu as palavras dos jogos do ECSP e simplesmente sorriu. Ele entendeu o recado.

Quem está raciocinando agora?

◆ ◆ ◆

Quando Marie chegou a este ponto do programa do ECSP, ela começou a se lembrar do tempo em que tinha de travar uma batalha diária para que Alex não atormentasse o seu irmão menor, Peter. Quando Marie não estava atenta, Alex fazia alguma coisa que levava o seu irmão a chorar. Certo dia, ela entrou na sala a tempo de flagrar Alex tirando o ursinho de pelúcia das mãos de Peter. A sua resposta seguiu o padrão costumeiro:

"O que está acontecendo aqui?", Marie gritou.

Alex deu de ombros, lançando um olhar para a mãe com a mensagem de "Eu não sei e também não dou a mínima".

"Se você não consegue brincar direito com o seu irmão, saia de perto dele. Peter não gosta quando você tira os brinquedos da mão dele."

Sem dizer uma palavra, Alex correu para o seu quarto. Marie só sacudiu a cabeça, tentando imaginar se algum dia conseguiria que Alex tratasse melhor o irmão.

Duas semanas depois de começar a brincar com o vocabulário do ECSP e com as palavras que descrevem sentimentos, Marie mais uma vez ouviu os gritos de Peter na sala ao lado. Correu e encontrou Alex tentando tirar novamente o ursinho das mãos do irmãozinho. Dessa vez, ela tentou um diálogo do ECSP:

"Como você acha que Peter se sente quando você tira o brinquedo das mãos dele, como agora?"

"Zangado", respondeu Alex.

A mãe então perguntou: "E o que acontece quando você faz isso?"

"Ele grita."

"E como você se *sente* então?"

"Triste."

"Você consegue imaginar um modo DIFERENTE para que ele não fique furioso e você não fique TRISTE quando ele grita?", perguntou a mãe.

Alex devolveu o brinquedo para o irmão. Ele ainda não estava pronto para sentir empatia genuína, nem de descobrir um modo de se relacionar com Peter de maneira mais positiva. Por ora, no entanto, Marie ficou satisfeita de ver que Alex estava disposto a resolver o problema depois de pensar nos sentimentos de Peter. Ela sabia que esse era um passo inicial muito importante.

4

Mais prática do ECSP

Marie logo adquiriu o hábito de fazer perguntas como estas:

"TODAS as crianças que estão na mesa querem panquecas, ou ALGUMAS querem pão com manteiga?"
"Devo comer esta maçã ANTES ou DEPOIS de lavá-la?"
"Você e a sua irmã sentem a MESMA coisa sobre esse problema, ou coisas DIFERENTES?"

Não demorou muito para que Marie percebesse que os seus filhos estavam usando o vocabulário do ECSP entre si. Quando, certa vez, Alison pulou para o banco da frente no carro, Alex protestou: "Você não pode se sentar na frente o tempo TODO — só ALGUMAS vezes."

"O modo como ele enfatizou as palavras *todo* e *algumas* fez com que eu observasse que ele estava usando conscientemente o vocabulário do ECSP para reforçar a sua argumentação", disse Marie. "Alison não se mexeu, mas eu fiquei impressionada com o modo em que ele tentou convencê-la a ceder-lhe o lugar."

Quando Alison não aceitou os argumentos lógicos de Alex para desocupar o banco da frente, o irmão voltou ao seu comportamento usual: bater e gritar. Pouco tempo depois, Marie me perguntou por que, depois de usar as palavras do ECSP por várias semanas, Alex ainda não conseguia resolver os seus problemas de modo mais efetivo. Eu assegurei para ela que ainda não deveria esperar que os seus filhos fossem capazes disso. O vocabulário do ECSP praticado até então fazia parte das *atividades de pré-solução de problemas*, e só mais tarde ele seria incorporado aos diálogos completos do ECSP. Quanto mais forte o vocabulário básico, mais fácil e efetivo seria o progresso da criança no sentido de usá-los quando surgisse um problema a ser solucionado.

Antes de passar para os diálogos reais de solução de problemas, você precisa apresentar ao seu filho mais um grupo de palavras: É UMA BOA HORA/ NÃO É UMA BOA HORA, SE/ENTÃO-LOGO-PORTANTO, PODE/TALVEZ, POR QUE/PORQUE, JUSTO/INJUSTO. Esses grupos de palavras representam um passo à frente na capacidade de raciocínio. Eles ajudarão os seus filhos a aceitar as limitações que eles não podem modificar: "Esta não É UMA BOA HORA para eu ler uma história para você." Elas evitarão a frustração que, com tanta freqüência, está associada aos conflitos pessoais, como nos casos em que uma criança diz para outra: "SE você se sentar no banco da frente quando formos ao supermercado, ENTÃO eu vou ocupá-lo no caminho de volta para casa. Está bem?" Eles terão as palavras de que precisam para explicarem a si mesmos: "Eu não posso dar um pedaço do bombom para você PORQUE ele acabou." Eles também terão acesso a palavras que são precursoras importantes do raciocínio conseqüencial: "SE eu tirar este brinquedo das mãos dele, TALVEZ ENTÃO ele tire o brinquedo de novo de mim." "Ele me bateu PORQUE..." Essas palavras, aliadas às palavras que eles já aprenderam, *antes e depois*, ajudam a criança a pensar: "Ele bateu em mim DEPOIS que eu bati nele."

À medida que novas palavras são apresentadas à Alison, Alex e Tanya, iremos observar que as palavras e os sentimentos ECSP praticados nos capítulos 2 e 3 continuam sendo uma parte importante de uma conversa do tipo ECSP. Juntos, esses conceitos fornecem um conjunto dinâmico de recursos para que a criança possa, mais tarde, reconhecer e antecipar uma seqüência de acontecimentos numa relação interpessoal. Os minidiálogos do ECSP deste capítulo vão incluir novos conceitos verbais do ECSP, que serão combinados com os vocábulos do ECSP usados anteriormente.

Trabalho em equipe

Sempre que Tanya deixava a casa de Alison, ela corria até a sua mãe e lhe contava tudo sobre os jogos de palavras de que Alison e sua mãe tanto gostavam de brincar. "Tanya é totalmente tímida", explicou Karena, sua mãe. "Por isso, fiquei surpresa ao ouvi-la contar histórias sobre os jogos e sobre as perguntas que tinha de responder na frente de Alison e de Marie." Depois de algumas semanas ouvindo os relatos da menina, Karena procurou a mãe de Alison para saber mais sobre a brincadeira que Tanya chamava de "Ecessepar".

Marie convidou Karena para ir até a sua casa e lhe mostrou as apostilas que eu distribuíra num seminário sobre o ECSP. Quando Marie explicou as vantagens significativas que o ECSP oferecia para crianças tímidas como Tanya,

Karena se mostrou interessada em fazer cópias do material para poder trabalhar com Tanya em sua própria casa. Assim, nasceu uma equipe de pais ECSP.

Embora o ECSP tenha provado que funciona muito bem em lares individuais com uma só criança, trabalhar com o ECSP como um grupo oferece vantagens que merecem ser examinadas. Em conjunto, Marie, Karena e seus maridos criaram o seu próprio pequeno grupo de apoio do ECSP; eles compartilhavam os seus sucessos e fracassos, falavam sobre os seus problemas, preocupações e triunfos, incentivando-se mutuamente a continuarem. As crianças (especialmente aquelas que são filhos únicos) também se beneficiam das equipes de família. Elas aprendem as habilidades do ECSP em situações lúdicas com outras crianças e assim têm mais oportunidades de praticar as novas habilidades adquiridas com amigos igualmente familiarizados com os conceitos do programa, respondendo a eles de modo positivo.

É UMA BOA HORA/NÃO É UMA BOA HORA

As frases "É UMA BOA HORA/NÃO É UMA BOA HORA" ajudam as crianças a aprender que a oportunidade é sempre um ingrediente importante para a resolução correta de um problema ou conflito. Karena incluiu o conceito nas brincadeiras com Tanya com a ajuda dos dois fantoches da menina — Ollie e Tippy.

As crianças introvertidas ou tímidas gostam especialmente do teatrinho de fantoches porque elas conseguem fazer com que os fantoches digam coisas que elas são inibidas demais para dizer. Os fantoches são úteis também para ensinar os conceitos finais do pré-ECSP a todas as crianças porque a brincadeira com fantoches demonstra como as palavras podem ser usadas nas situações de conflito.

Se você quiser, pode substituí-los por bichinhos de pelúcia, bonecas, ou, até mesmo, duas meias de cores diferentes. Você pode seguir um pequeno roteiro, como o empregado por Karena para brincar com as frases É UMA BOA HORA/NÃO É UMA BOA HORA com Tanya, ou então improvisar. De um jeito ou de outro, o objetivo é mostrar duas "pessoas" aprendendo a importância de saber que existe uma hora certa para tudo, o que evita conflitos e frustrações.

O esquete de Karena com os dois bonecos, Ollie e Tippy, era mais ou menos assim (com o uso de duas vozes diferentes):

OLLIE: (*para Tanya*) Oi, Tanya. Como está você hoje? Eu vi —
TIPPY: (*interrompendo*) Oi, Ollie. Quer brincar comigo?
OLLIE: Tippy, você acha que eu consigo falar com você E com Tanya AO MESMO TEMPO?
TIPPY: Não.

OLLIE: Como você acha que eu me sinto quando me interrompem?

TIPPY: ZANGADO.

OLLIE: Você acha que essa É UMA BOA HORA ou NÃO É UMA BOA HORA para falar comigo?

TIPPY: NÃO É UMA BOA HORA.

OLLIE: Como você acha que a minha amiguinha se sente quando eu estou falando com ela e tenho de parar para falar com você?

TIPPY: ZANGADA E FRUSTRADA.

OLLIE: Eu sei que você tem algo muito importante para me dizer. Você pode me contar sobre isso DEPOIS que eu terminar de falar com a minha amiga. Agora espere.

OLLIE: (*para Tanya*) Vamos fazer um lanche? Eu gosto de hambúrguer E de batata frita. O que você gosta de comer?

TANYA: Eu gosto de sanduíche de queijo.

OLLIE: Ah, eu também gosto. Do que mais você gosta?

TANYA: Eu gosto de atum.

OLLIE: Verdade? Eu ÀS VEZES gosto de atum, mas nem SEMPRE.

OLLIE: (*voltando-se para Tippy*) OK, Tippy. Eu estou muito ORGULHOSO de você. Você esperou direitinho. Agora eu posso escutar o que você tem para me dizer.

TIPPY: Você quer brincar comigo AGORA?

OLLIE: Sim, eu quero. Essa É UMA BOA HORA para pedir para brincar?

TIPPY: Sim.

OLLIE: ERA UMA BOA HORA para pedir para brincar ANTES que eu terminasse de falar com a minha amiga?

TIPPY: Não. DEPOIS.

OLLIE: Muito bem. Eu NÃO estou falando com a minha amiga AGORA.

Quando Karena terminou de fazer essa cena, ela perguntou para Tanya: "Ollie não conseguiu conversar com você E com Tippy AO MESMO TEMPO, não é verdade? Às vezes, nós devemos esperar pela HORA CERTA para conseguir o que desejamos."

"Faz de novo, mamãe", implorou Tanya.

"Tudo bem, Tanya", respondeu a mãe. "Vamos fazer de conta que Ollie deseja ler um livro e Tippy quer brincar."

OLLIE: (*entretido com o livro*)

TIPPY: Ollie, você quer brincar comigo?

OLLIE: Não, Tippy. AGORA eu estou ocupado.

TIPPY: (*de cabeça baixa, afasta-se triste*)

OLLIE: (*Continua a leitura do livro. Depois, pára de ler e fecha o livro*) Muito bem, eu terminei a leitura.

TIPPY: Oi, Ollie. Você quer brincar comigo AGORA?

OLLIE: Sim. Eu NÃO estou ocupado AGORA.

Depois dessa cena curta entre Ollie e Tippy, a mãe perguntou para Tanya: "Qual será a melhor hora para Tippy pedir para Ollie lhe contar uma história — ANTES ou DEPOIS de Ollie terminar de ler?"

"Depois", respondeu Tanya.

"Bem pensado. Você consegue lembrar de alguma ocasião em que alguém pediu a você para fazer alguma coisa, mas você estava ocupada fazendo outra?"

"Sim!", respondeu Tanya. "Alison queria andar de bicicleta comigo, mas eu estava brincando de colorir um desenho."

"E o que aconteceu?"

"Alison voltou para casa ZANGADA."

"ERA UMA BOA HORA ou NÃO ERA UMA BOA HORA para ela convidar você para andar de bicicleta?"

"NÃO ERA UMA BOA HORA", respondeu Tanya entusiasmada. "Mamãe, eu posso ser o Ollie e você o Tippy?"

Foi assim que Tanya e sua mãe começaram a usar o ECSP em casa. Tanya já conhecia todas as palavras antigas do ECSP das suas brincadeiras com Alison e Marie; agora, ela estava muito contente por poder brincar com a sua própria mãe.

Minidiálogos ECSP em situações de conflito

Eu posso apostar que você vai lembrar de alguma situação em que seu filho lhe pediu para fazer alguma coisa quando você estava ocupado com outra coisa. Depois do teatro com fantoches com as palavras É UMA BOA HORA/ NÃO É UMA BOA HORA, vai ficar fácil usá-las nas conversas do dia-a-dia.

Quando um filho o interrompe

"Você acha que eu consigo falar com você E com o meu amigo ao mesmo tempo?"

"Se você vier falar comigo enquanto eu estiver conversando com outra pessoa, como você acha que eu vou me sentir? (Caso seja necessário: ALEGRE ou FRUSTRADO?)"

"Se eu estou falando com alguém, essa é UMA BOA HORA ou NÃO É BOA HORA para vir falar comigo?"

"Quando É UMA BOA HORA?"

"Você consegue pensar em alguma coisa DIFERENTE para fazer enquanto espera até eu terminar de falar com a outra pessoa?"

Quando o seu filho quer brincar numa hora inconveniente

"Você quer andar de bicicleta AGORA, mas daqui a pouco nós vamos jantar."
"Você consegue andar de bicicleta E jantar ao MESMO tempo?"
"Agora é UMA BOA HORA ou NÃO É UMA BOA HORA para andar de bicicleta?"
"Quando É UMA BOA HORA?"
"Você consegue pensar em alguma coisa DIFERENTE para fazer AGORA?"

Quando um filho quer chamar a sua atenção, mas você está ocupado

"Eu não posso falar com você AGORA. Estou ajudando o Jeffrey com a lição de casa."
"Você acha que eu consigo falar com você E ajudar o Jeffrey AO MESMO TEMPO?"
"Será que agora é UMA BOA HORA ou NÃO É UMA BOA HORA para falar comigo?"
"Quando É UMA BOA HORA?"
"Você consegue pensar em alguma coisa DIFERENTE para fazer AGORA?"

Na manhã do sábado seguinte, Tanya acordou cedo, vestiu-se rapidamente e, às nove horas, já estava pronta para sair. Com os fantoches nas mãos, foi mostrar o novo jogo para Alison e Alex.

"Tanya estava esfuziante", lembra a mãe de Alison. "Eu tinha apresentado as palavras É UMA BOA HORA/NÃO É UMA BOA HORA para Alison e Alex falando sobre as situações, pelas quais todos já passamos, em que escolhemos uma hora que não é boa para pedir alguma coisa. Portanto, os meus filhos já estavam familiarizados com as palavras e o uso delas. A idéia de Tanya de dramatizá-las com os fantoches foi uma ótima maneira de revisá-las. Foi provavelmente a primeira vez que vi Tanya assumir a liderança quando estava com os meus filhos."

O ECSP já estava ajudando Tanya a encontrar as palavras para se expressar.

SE/ENTÃO

Cada um dos jogos do ECSP prepara o seu filho para o objetivo principal do programa: resolver com eficácia os próprios problemas. O par de palavras SE/ENTÃO é o primeiro passo em direção ao raciocínio conseqüencial de que eles precisam para serem bem-sucedidos nisso.

Uso diário: situações não-problemáticas

Você pode praticar esse conceito nas suas conversas diárias com os filhos. Listo abaixo alguns exemplos, e você pode acrescentar outros que lhe ocorrerem durante o dia. Você pode tornar o jogo mais interativo ao pedir para as crianças que completem os espaços vazios.

Hora das refeições

"SE nós estamos tomando suco, ENTÃO nós NÃO estamos tomando ____
_____."

"SE isto é um hambúrguer, ENTÃO isso NÃO é um _____."

"SE nós estamos sentados à mesa, ENTÃO nós NÃO estamos sentados
_____."

Hora de brincar

"SE Jamie ESTÁ pintando, ENTÃO ele NÃO está _____."

"SE Carle ESTÁ construindo uma casa com blocos de montar, ENTÃO ela NÃO está _____."

Calendário/Clima

"Se hoje É terça-feira, ENTÃO hoje NÃO é _____."

"SE nós estamos em setembro, ENTÃO nós NÃO estamos em _____
_____."

"SE hoje ESTÁ chovendo, ENTÃO nós NÃO podemos brincar de _____
_____."

Hora de histórias

"SE o menino da história for ao circo, ENTÃO ele NÃO irá _____
_____."

"SE a Cinderela NÃO chegasse em casa antes da meia-noite, ENTÃO ela iria
_____."

Natureza

"SE essa pedra for pesada e eu jogá-la no lago, ENTÃO ela vai (*afundar*)."

"SE essa planta não receber água, ENTÃO o que vai acontecer com ela?"

TALVEZ/PODE SER

As palavras do ECSP *talvez* e *pode ser* são usadas em combinação com *se* e *então* para dar uma compreensão melhor do raciocínio conseqüencial. Ao combiná-las, as crianças poderão começar a raciocinar por si mesmas: "SE eu escolher esta

70 • *Ensinando seus filhos a pensar*

solução, PODE SER que eu não consiga o que estou querendo, e isso vai me deixar ZANGADO." Ou: "SE eu fizer tal coisa, TALVEZ o meu amigo fique TRISTE."

Além de reconhecer e descobrir os sentimentos das outras pessoas, as crianças podem usar essas palavras para influenciar os sentimentos das outras pessoas. A consideração pelas preferências das outras pessoas é o primeiro passo para sermos bem-sucedidos nesse quesito, mas as crianças pequenas muitas vezes assumem que as outras pessoas gostam das mesmas coisas de que elas gostam — uma suposição que as leva freqüentemente a conclusões incorretas e, portanto, a soluções que não dão certo. As palavras *talvez* e *pode ser* podem ser usadas para ajudar as crianças a descobrir as preferências das outras pessoas. Num estágio mais avançado do programa de solução de problemas, uma criança pode vir a descobrir, por exemplo, que não adianta oferecer a sua boneca em troca de uma pazinha de jardim porque a outra criança pode não gostar de boneca.

◆ ◆ ◆

Quando as crianças pararam de brincar com os fantoches, Marie chamou-os para a cozinha. (Com apenas 2 anos, Peter é muito novo para continuar com os jogos de palavras do ECSP, mas ainda assim adora acompanhar a turminha mais velha, prestando atenção ao que é dito. Muitas vezes, ele repete as palavras e frases do ECSP depois de ouvi-las dos outros três; do seu modo pessoal, ele está se preparando para se tornar um pensador ECSP.) Quando eles se juntaram ao redor da mesa, Marie serviu para cada um deles um copo de suco, apresentando o novo par de vocábulos do ECSP, TALVEZ/PODE SER.

Usando Ollie, o fantoche de Tanya, Marie começou:

MÃE: Muito bem, crianças. Vamos ver o que Ollie gosta de comer. Alison, do que você acha que ele gosta?

ALISON: Ele gosta de maçã.

MÃE: PODE SER que ele goste de maçã. PODE SER que ele NÃO goste. Nós temos que descobrir. E *perguntar* é um modo de descobrir. Vamos lá. Alex, pergunte a ele.

ALEX: Ollie, você gosta de maçã?

OLLIE: Não.

MÃE: Viu? Você *perguntou* e ele respondeu que não. Alex, do que você acha que o Ollie gosta de comer?

ALEX: Bombom.

MÃE: TALVEZ ele goste de bombom. TALVEZ ele NÃO goste. Como a gente vai descobrir?

ALEX: Perguntando para ele.

MÃE: Pode perguntar.

ALEX: (*para Ollie*) Você gosta de bombom?

Mais prática do ECSP • 71

OLLIE: Sim!

MÃE: Muito bem, Alex. Você *perguntou* e descobriu do que o Ollie gosta.

PETER: Eu também!

MÃE: Ah, o Peter gosta de bombom. O Alex gosta de bombom. Será que o Peter E o Alex gostam DA MESMA coisa OU de coisas DIFERENTES?

CRIANÇAS: (*entusiasmadas, em coro*) Da MESMA coisa!

ALISON; Eu também gosto de bombom.

MÃE: Ah! TODOS gostam de bombom, OU só ALGUNS gostam de bombom?

CRIANÇAS: (*entusiasmadas, em uníssono*) TODOS nós gostamos!

MÃE: Se déssemos para o Ollie um bombom, será que ele gostaria?

CRIANÇAS: (*gritando juntas*) Sim!

MÃE: PODE SER que ele goste. PODE SER que ele NÃO goste. Como é que a gente vai saber?

ALEX: Perguntando para ele.

MÃE: Pode perguntar, Alex.

ALISON: Ollie, você gosta de bombom?

OLLIE: Não.

ALEX: (para Ollie) Você gosta de banana?

OLLIE: Não!

ALEX: Você gosta de hambúrguer?

OLLIE: Não!

ALEX: Você gosta de batata *chips*?

OLLIE: Sim!

MÃE: Alex, você gosta de batata *chips*?

ALEX: Não.

MÃE: Ollie gosta de batata *chips*. Alex gosta de bombom. Será que o Ollie e o Alex gostam DA MESMA coisa OU de coisas DIFERENTES?

CRIANÇAS: DIFERENTES.

MÃE: Há algum problema em pessoas DIFERENTES gostar de coisas DIFE-RENTES?

CRIANÇAS: (*gritando ao mesmo tempo*) Não!

MÃE: Isso mesmo. Pessoas DIFERENTES podem gostar de coisas DIFERENTES.

Marie quis usar essa brincadeira com o fantoche para ajudar as crianças a pensar sobre como pessoas diferentes gostam de coisas diferentes. Como acontece com freqüência nas horas de ECSP, Alison e Alex espontaneamente foram acrescentando coisas à atividade, aumentando a sua graça e realçando o seu objetivo. Alex se entusiasmou com a frase "Você gosta de...?", repetindo-a sem parar. A mãe deixou que ele perguntasse tantas coisas para Ollie porque sabia que o sucesso do ECSP é maior quando as crianças descobrem maneiras divertidas de reforçar os conceitos do programa. Alison também captou a graça da brincadeira, e, ao sair da cozinha, não parava de cantarolar, "Pessoas diferentes gostam de coisas diferentes. Pessoas diferentes gostam de coisas diferentes." Assim é o ECSP em ação.

◆ ◆ ◆

Você consegue ver agora como as palavras *talvez e pode ser* ajudam as crianças a pensar a respeito das preferências dos outros e de avaliar quais são os seus sentimentos? Elas as ajudam a pensar: "SE eu bater no Mickey, PODE SER que ele fique zangado", ou "SE eu der um abraço na minha mãe, TALVEZ ela fique ALEGRE". *Talvez* e *pode ser* também ajudam na medida em que são um lembrete para a criança que ela nem sempre consegue saber como os outros estão se sentindo — às vezes, é preciso perguntar. A compreensão do seu filho das diversas emoções trabalhadas nas atividades anteriores será reforçada enquanto eles praticam exercícios com *talvez* e *pode ser*. Eles chegarão à conclusão de que, se uma solução *não* funcionar para deixar alguém alegre, sempre é possível encontrar outras soluções.

Certo dia depois da escola, Alison e Alex estavam brigando. Alison estava brincando com suas bonecas quando Alex entrou no quarto dela e pegou uma delas, correndo para longe. Marie achou que essa seria uma boa oportunidade para usar um minidiálogo do ECSP para ajudá-los a resolver o problema. "Venham cá", disse Marie ao entrar no quarto. "Vamos usar as novas palavras do ECSP, TALVEZ e PODE SER para ajudar vocês a resolver o problema."

Alex e Alison se acalmaram e sentaram-se junto à mãe. Para Marie, isso em si já assinalava um grande progresso no comportamento dos dois. Como eles tinham aprendido a associar a hora do ECSP com atividades agradáveis, estavam dispostos a parar com a discussão e escutar o que a mãe tinha a dizer. A intenção de Marie não era resolver o problema dos dois; ela queria apenas fazê-los pensar sobre os sentimentos das outras pessoas quando fossem resolver seus próprios problemas. Ela começou:

MÃE: Com que cara vocês ficam quando estão ALEGRES? (*Alison e Alex abriram um sorriso*)

MÃE: Mostrem para mim agora uma cara TRISTE. (*Alison e Alex exageraram nas expressões tristes, cada um rindo do outro por causa das expressões exageradas.*)

MÃE: Alison, como você fica quando está ZANGADA? (*Alison fez uma expressão de zanga.*)

MÃE: Alex, como você fica quando está ZANGADO? (*Alex fez uma expressão de zanga.*)

MÃE: Alison, você gosta de brincar com a boneca?

ALISON: Sim.

MÃE: SE alguém dá a você uma boneca de presente, como você se sente?

ALISON: Alegre.

MÃE: OK. Vamos agora imaginar que a Alison tem uma boneca e alguém a tira das suas mãos. Alex, como você acha que a sua irmã vai se sentir?

ALEX: ZANGADA.

MÃE: TALVEZ a Alison fique ZANGADA, OU TALVEZ ela fique TRISTE. Eu disse TALVEZ porque TALVEZ significa que nós não temos certeza. Para descobrir como a Alison se sente, nós temos que perguntar para ela: Alison, SE alguém tira uma boneca de você, como você se sente?

ALISON: ZANGADA.

MÃE: Alex, como você acha que a Alison iria ficar SE alguém devolvesse a boneca para ela?

ALEX: ALEGRE?

MÃE: Eu não sei; vamos perguntar para ela. Alison, você ficaria ALEGRE se alguém lhe devolvesse a boneca?

ALISON: Sim.

MÃE: Eu acho muito interessante ver que nós podemos fazer os outros ficarem ALEGRES, TRISTES OU ZANGADOS.

Esse minidiálogo não resolveu o problema de Alex tirar coisas da sua irmã. No entanto, ele inseriu na experiência real dos dois o uso de duas novas palavras do ECSP, o que os ajudou a pensar na relação que existe entre o que eles fazem e dizem e como as outras pessoas se sentem.

POR QUE/PORQUE

As palavras *por que* e *porque* ajudam as crianças a perceber a ligação que existe entre um ato e suas conseqüências. "Ele bateu em mim PORQUE eu tirei um brinquedo das suas mãos." Elas também ajudam a criança a entender como um problema pode ser evitado: "Eu caí PORQUE estava correndo rápido demais."

Certo dia, a mãe de Tanya ficou cuidando de Alison, Alex e Peter enquanto Marie fora fazer compras no supermercado. Depois de cerca de uma hora de bom comportamento, Karena percebeu que as crianças estavam ficando um tanto inquietas. "Essa é a hora perfeita para brincar de um jogo ECSP com fantoches", ela pensou.

"Tanya", chamou Karena. "Vá pegar os seus fantoches e vamos fazer uma brincadeira de ECSP enquanto a gente espera a mãe da Alison chegar."

Em questão de segundos, as crianças e os fantoches estavam todos reunidos na sala. "Eu quero ser a primeira", implorou Alison.

"Não, eu!", exigiu Alex.

"Posso ter a minha vez?", perguntou Tanya.

74 • *Ensinando seus filhos a pensar*

"Esperem. Acalmem-se", disse a mãe de Tanya, rindo-se com Peter, que aproveitara a confusão para apanhar os fantoches e começar a sua própria brincadeira. "Hoje eu vou deixar o Ollie ensinar algumas palavras novas do ECSP para vocês. Deixem apenas eu contar uma pequena história e cada um de vocês vai ter a sua vez. Certo? Agora, sentem-se. Peter, dê-me os fantoches e eu vou começar um teatrinho com eles sobre as palavras *por que* e *porque*."

OLLIE: Olá, eu sou o Ollie.

Eu vim fazer um novo jogo.

É o jogo do POR QUE do PORQUE.

Eu vou mostrar como brincar disso.

Em primeiro lugar, eu vou fazer uma vez com a mamãe. (*Karena vira o boneco em sua direção.*) Mamãe, eu estou tão cansado!

MAMÃE: POR QUÊ?

OLLIE: PORQUE eu esqueci de tirar a minha soneca depois do almoço.

OLLIE: (*dirigindo-se às crianças*) Agora eu vou brincar com vocês. Quando eu digo uma coisa, vocês me perguntam bem alto, "POR QUÊ?" Vamos praticar. Eu estou com muita fome. Agora, vocês me perguntam POR QUÊ?

CRIANÇAS: POR QUÊ?

OLLIE: Foi muito bom! Lembrem-se de perguntar POR QUE sempre que eu disser alguma coisa. Eu estou com muita fome.

CRIANÇAS: POR QUÊ?

OLLIE: PORQUE eu não comi o lanche na escola.

OLLIE: Eu gosto de ir à escola.

CRIANÇAS: POR QUÊ?

OLLIE: PORQUE as crianças são minhas amigas.

OLLIE: Hoje eu não estou conseguindo cantar.

CRIANÇAS: POR QUÊ?

OLLIE: PORQUE eu estou com dor de garganta.

OLLIE: Vocês estão se saindo muito bem! Agora vamos mudar o jogo. Eu vou perguntar POR QUE e vocês me respondem com um PORQUÊ. Escutem. (*Ollie vira-se para a mãe de Tanya.*) Eu vou até o supermercado. Eu vou até o supermercado a pé. Eu NÃO vou de carro e nem vou tomar o ônibus. Vocês conseguem adivinhar POR QUE eu vou a pé?

MAMÃE: PORQUE o dia está bonito lá fora.

OLLIE: TALVEZ. Vocês conseguem imaginar um PORQUÊ DIFERENTE?

MAMÃE: PORQUE o seu amigo também vai a pé e você quer acompanhá-lo.

OLLIE: Viram? Existe mais de um PORQUÊ. Agora vamos brincar juntos.

OLLIE: (*virando-se para as crianças*) Hoje o Johnny não vem à minha casa para brincar comigo. POR QUE Johnny não vem à minha casa brincar comigo? Tanya, você tem um PORQUÊ?

TANYA: (*faz um sinal de não com a cabeça*)
ALEX: (*gritando*) PORQUE ele está doente!
OLLIE: TALVEZ ele esteja doente; Alison, você consegue pensar num outro PORQUÊ?
ALISON: PORQUE a sua mãe não deixa?
OLLIE: TALVEZ. O que você acha, Tanya? Consegue pensar em algum motivo para o Johnny não vir à minha casa?
TANYA: PORQUE ele não gosta de você.

Quando Tanya deu essa resposta, todas as crianças caíram na risada. A mãe de Alison chegou à porta da casa nesse exato momento. Ela não pôde deixar de pensar: "Deve ser a hora do ECSP."

Existem muitas maneiras de você brincar com as palavras do ECSP *por que* e *porque*. Além da dramatização com fantoches descrita acima (adaptada do meu material de sala de aula do programa *I Can Problem Solve*), a ilustração abaixo, das duas crianças com o rádio, oferece ainda outros meios para o seu filho pensar sobre como os sentimentos de duas pessoas a respeito da mesma coisa podem ser muito *diferentes*, e sobre os diferentes motivos que elas têm para isso.

Mostre para o seu filho essa ilustração e faça perguntas como as seguintes:

"Será que esse menino (*aponte para o menino*) E essa menina (*aponte para a menina*) têm sentimentos IGUAIS ou DIFERENTES quando ouvem música?"

"POR QUE a menina poderia ficar ALEGRE quando ouve esta música?"

"Existe outro motivo? Outro PORQUÊ?"
"Como o menino está se sentindo?"
"POR QUE ele está se sentindo assim?"
"Esse é um PORQUÊ. Algum outro motivo? Algum outro PORQUÊ?"
"É certo pessoas DIFERENTES sentirem coisas DIFERENTES a respeito de uma MESMA coisa? Sim, É certo."
"Como será que a menina acha que o menino se sente ao ouvir música?"
"Sim, ela pode se virar para ele e ver com os seus próprios olhos. OU ela pode perguntar para ele."

Uso diário: situações não-problemáticas

Você pode praticar as palavras *por que* e *porque* a qualquer hora do dia.

Quando você está levando os seus filhos para a escola de carro

"Quando eu estava na escola, eu adorava as segundas-feiras. Vocês conseguem adivinhar POR QUE eu gostava das segundas-feiras?" Então, deixe que os seus filhos pensem em quantos PORQUÊS eles conseguirem.

Quando você está embrulhando um presente de aniversário

"Este é o presente perfeito para o seu amigo. Você sabe me dizer POR QUÊ?"

Enquanto você cozinha

"Cenoura faz bem para você. Você sabe POR QUE ela faz bem?"

Quando os seus filhos entram no carro

"É importante usar o cinto de segurança. Vocês sabem POR QUÊ?"

JUSTO/INJUSTO

O último par de palavras desse estágio de pré-solução de conflitos e problemas é JUSTO/INJUSTO. Essas palavras ajudam a criança a entender os direitos dos outros e os seus próprios quando tomarem uma decisão. Pensando com antecedência, Marie julgou que seria uma boa idéia brincar com essas palavras numa circunstância que dramatizasse de modo realista uma decisão do tipo JUSTO/INJUSTO. Ela contou ao seu marido sobre a idéia, incentivando-o a apresentar essas palavras para as crianças.

Naquela noite, as crianças correram para a cozinha, prontas para fazerem um lanche antes de dormir. "Esta noite", a mãe começou a lhes dizer, "o papai vai usar o lanche como exemplo de mais uma palavra do ECSP. A nova palavra é JUSTO."

Parecendo bastante surpreso, Alex exclamou: "Eu esqueci que você conhecia o ECSP."

"É claro que eu conheço", disse o Pai. "Venham cá e escutem."

PAI: (*dando um* cookie *para cada um dos filhos*) Eu tenho três *cookies* de aveia. Eu tenho só o suficiente para dar um para cada um de vocês — um *cookie* para Alison, um para Alex, outro para Peter. É JUSTO que cada um de vocês receba um *cookie*? Sim, É JUSTO que cada um de vocês receba O MESMO número de *cookies*.
(*Tirando o biscoito de Peter, dando-o para Alison*) SE Alison quiser dois *cookies*, e eu os der para ela, ENTÃO Alex vai ficar com apenas um biscoito, e Peter não terá nenhum.
Isso é JUSTO?
Não. Isso é INJUSTO.
Alison, como você acha que Alex e Peter PODEM se sentir se você comer os dois *cookies*?

ALISON: ZANGADOS.

PAI: Sim, TALVEZ eles fiquem ZANGADOS.
Alex, você consegue usar a nova palavra do ECSP para me dizer POR QUE você vai ficar ZANGADO?

ALEX: Porque isso é INJUSTO.

PAI: Bem pensado. Bem, aqui está — um *cookie* para cada um. Isso sim é JUSTO.

Essa conversa toda não levou mais de um minuto, porém estabeleceu *justo* e *injusto* como palavras ECSP. Ela também ajudou a envolver o pai na parte prática do método, além de reforçar para Alison e Alex o conceito de *justiça*.

A mãe de Tanya também usou o cotidiano de Tanya para apresentar à filha a palavra *justo*. Tanya chegou em casa queixando-se de que um coleguinha da escola não a deixara brincar com a argila durante o período livre no pátio.

MÃE: Vamos falar sobre a palavra JUSTO. SE uma coisa pertence à escola, mas uma criança fica com ela durante TODO o tempo — e isso quer dizer que as outras crianças NÃO vão ter a chance de usá-la — isso NÃO É JUSTO. Você pode me dizer o que é JUSTO?

TANYA: Cada um ter a sua vez.

MÃE: Muito bem. Vamos falar sobre a argila. Você acha que o Sean usou TODA a argila, OU só UMA PARTE da argila?

TANYA: TODA a argila.

MÃE: Você consegue imaginar o que seria JUSTO?
TANYA: Eu queria usá-la.
MÃE: Seria JUSTO cada um de vocês ter UM POUCO de argila, ou só um de vocês ter TODA a argila?
TANYA: Cada um de nós ter UM POUCO de argila.
MÃE: O que você pode dizer para Sean da próxima vez que vocês forem brincar de argila?
TANYA: Você fica com um pouco e me dá um pouco. Assim é que é JUSTO.

Não está em questão se Tanya iria ter suficiente autoconfiança para dizer essas coisas para Sean. Embora Tanya já esteja familiarizada com a palavra *justo*, ela tinha agora um novo modo para ajudá-la a pensar sobre o seu significado numa situação de conflito e sobre como usá-lo sem agressividade. Quando ela estiver pronta, poderá contar com um novo conceito para ajudá-la a resolver os seus problemas.

As oportunidades para usarmos a palavra *justo* como uma base para a resolução de problemas estão à nossa volta. Quando você inseri-la no vocabulário de ECSP da criança, tente reforçar o seu significado nas conversas do dia-a-dia, tanto em situações problemáticas quanto não-problemáticas.

Uso diário: situações não-problemáticas

Acontecimentos do dia

"Hoje você fez alguma coisa INJUSTA, meu filho?"
"Como você deveria ter feito para ser JUSTO?"
"Alguém foi INJUSTO com você?"
"Como essa pessoa poderia ter feito para ser JUSTA?"

Hora de contar histórias

"O que aconteceu nessa história foi JUSTO OU INJUSTO?"
"Por quê?"
(se INJUSTO): "O que deveria ter acontecido então para que fosse JUSTO?"

Minidiálogos do ECSP: situações problemáticas

Quando o filho quer toda a sua atenção para si

"É JUSTO que você receba TODA a atenção, e seus irmãos NÃO recebam nenhuma?"

"Como você acha que a Kim se sente quando ela quer falar comigo, mas você não pára de gritar E de me interromper?"

Quando o filho se recusa a compartilhar um brinquedo ou ceder a vez para outra criança

"É JUSTO você ficar o tempo TODO com o brinquedo, e NÃO sobrar nenhum tempo para os seus amigos?"

"Como você ACHA que o seu amigo se sente quando você NÃO o deixa brincar com esse brinquedo?"

"Você já brincou com isso ANTES. Janete NÃO teve a sua vez de brincar. É JUSTO que você brinque AGORA? Quem sabe você não imagina uma coisa DIFERENTE para fazer AGORA?"

"O seu irmão já terminou de brincar? É JUSTO você brincar ANTES que a vez do seu irmão termine?"

"O que é JUSTO? Você ter a vez ANTES ou DEPOIS do seu irmão terminar a vez dele?"

Com esses conceitos bem integrados na conversa e nas atividades cotidianas das crianças, elas estão prontas para resolver os seus problemas ao modo do ECSP.

Você talvez queira acrescentar os seguintes pares de palavras ECSP à sua lista.

É UMA BOA HORA/NÃO É UMA BOA HORA
SE/ENTÃO
TALVEZ/PODE SER
POR QUE/ PORQUE
JUSTO/INJUSTO

5

Como encontrar soluções alternativas

A esta altura, talvez você se sinta totalmente seguro para usar com desenvoltura as palavras do vocabulário do ECSP com os seus filhos no dia-a-dia. É bem provável que as próprias crianças já estejam familiarizadas com os conceitos do programa, e que elas naturalmente encarem as situações problemáticas de modo um pouco diferente, e pensem com mais freqüência sobre como os sentimentos afetam esses problemas. De fato, em muitos lares, o ECSP está funcionando tão bem que os pais e mães se contentariam em parar por aqui. Eles podem ver que seus filhos mudaram o modo como pensam sobre os problemas, achando que toda a família já tem conhecimento suficiente do ECSP para usá-lo, sem a necessidade de acrescentar novas atividades, jogos ou exercícios.

Embora eu sempre fique feliz ao ver esses pais se sentirem bem-sucedidos e felizes frente ao progresso dos seus filhos, devo advertir que esse não é o melhor momento para parar de aprender o método do ECSP. As técnicas com as quais praticamos até aqui servem apenas de apoio para a fase do raciocínio de pré-solução de problemas. Essa é a razão pela qual as conversas até então foram chamadas de minidiálogos. Elas não são completas. A parte mais importante do ECSP — em que a criança aprende de fato a resolver os seus problemas — ainda está por vir. Ela consiste em encontrar soluções alternativas e pensar nas conseqüências.

No Capítulo 2, quando Alison e Alex estavam brigando para saber quem tinha pego o brinquedo primeiro, você deve lembrar que a ênfase estava nas palavras do ECSP que preparavam o terreno para a solução do problema. Marie começou por perguntar, em tom não-ameaçador, "O que está acontecendo? Quando cada uma das crianças deu a mesma resposta, "Eu peguei primeiro", Marie não tentou decifrar quem tinha razão e quem não, pois nunca conseguiria saber com certeza. Ela preferiu usar outro conceito do ECSP, para mostrar aos filhos que existem outras maneiras de conseguir o brinquedo de volta sem que seja preciso arrancá-lo das mãos do irmão. Então, ela perguntou: "O que aconteceu DEPOIS que você tomou o brinquedo?" Alison respondeu que eles haviam começado a brigar, e Marie perguntou se eles poderiam pensar num modo de brincar em que não precisassem brigar.

Mesmo nos estágios iniciais do uso das palavras conceituais do ECSP, a criança já consegue encontrar soluções para os seus problemas. No entanto, trata-se apenas do início, pois as primeiras soluções nem sempre são apropriadas ou bem-sucedidas.

Em outra ocasião, um problema parecido surgiu, e, como sempre, cada uma das crianças repetiu a cantilena familiar: "Eu peguei primeiro!" Dessa vez, Marie usou os conceitos do ECSP de uma nova maneira:

MÃE: O que aconteceu? Qual é o problema?

ALEX: Eu peguei primeiro.

ALISON: Eu peguei primeiro.

MÃE: Vocês vêem o que aconteceu de modo IGUAL OU DIFERENTE um do outro?

ALEX: De modo DIFERENTE.

MÃE: Só um de vocês dois estava com o brinquedo ANTES que o outro pegasse. É JUSTO que um de vocês fique com o brinquedo o tempo TODO? (*Nesse minidiálogo, a mãe acrescentou orientação sobre sentimentos.*)

ALISON: Não.

MÃE: Alex, como Alison PODERIA se sentir se você ficasse com o brinquedo o tempo TODO?

ALEX: ZANGADA.

MÃE: Alison, como Alex PODERIA se sentir se você ficasse com o brinquedo o tempo TODO?

ALISON: ZANGADO.

MÃE: Nós ainda temos um problema aqui. Vocês conseguem imaginar uma solução DIFERENTE, de modo que nenhum de vocês sinta-se ZANGADO?

A compreensão dos sentimentos de outras pessoas por parte da criança é um componente importante do diálogo. Estar consciente de que o que ela faz pode fazer a outra pessoa sentir-se zangada é um passo adiante em relação a ser insensível aos sentimentos dos outros. Mas isso ainda não é suficiente. Se a criança não sabe como lidar com a sua raiva, ela talvez fique ainda mais agitada e nervosa, reaja com agressividade ou sinta-se paralisada, com medo da raiva do outro. Esse é o motivo pelo qual a próxima bateria de atividades vai focar na importância da busca de alternativas para a solução do problema. Embora Alison e Alex tivessem encontrado uma solução para esse problema e desenvolvido sensibilidade em relação aos sentimentos do outro, é importante também que a criança aprenda a pensar, "SE a minha primeira alternativa NÃO der certo, ENTÃO eu posso tentar um modo DIFERENTE."

Marie e sua família estavam prontas para passar do estágio preparatório de pré-solução de problemas do ECSP para a arena da solução de problemas. Embora ocasionalmente eles ainda irão usar os jogos e atividades dos capítulos anteriores para revisar e praticar os conceitos do ECSP, a partir de agora eles irão expandir os diálogos para encontrar múltiplas soluções para os problemas com os quais deparam na interação diária com outras pessoas.

O processo de encontrar soluções alternativas

As atividades deste capítulo irão ajudar os seus filhos a aprender que existe mais de um modo de resolver os problemas. Em particular, eles serão estimulados a pensar em tantas soluções quantas forem possíveis para os problemas diários de convívio entre as pessoas; isso irá ajudá-los a desenvolver um processo mental que diz: "Existe mais de um modo; eu não preciso me agarrar à primeira idéia que aparecer, e nem desistir depressa demais."

O melhor a fazer é começar o processo usando personagens e situações hipotéticas, pois assim estaremos apresentando a idéia de modo não-ameaçador. Com fantoches, figuras de recortar e dramatização, o procedimento geral para fazer surgir soluções alternativas segue o seguinte padrão:

1. Explicitar o problema ou fazer com que a criança o explicite.
2. Dizer para elas que a idéia é pensar em muitas maneiras *diferentes* de resolver o problema.
3. Anotar todas as idéias. (Mesmo que os seus filhos ainda não saibam ler, eles vão gostar de ver que você colocou por escrito o que eles disseram.)
4. Pedir a primeira solução. Se ela for satisfatória, repita-a em voz alta e ressalte que se trata de um modo de resolver o problema. Lembre às crianças que o objetivo é imaginar o maior número de soluções *diferentes* possíveis para a solução do problema.
5. Pedir a segunda solução. Depois a terceira, e assim por diante.

6. Se as idéias para a solução se esgotarem de modo muito rápido, tentar obter outras por meio das perguntas: "O que você pode *dizer* para resolver este problema?", ou "O que você pode *fazer* para resolver este problema?"

Para começar a ajudar os seus filhos a encontrar soluções alternativas, tente lhes apresentar a idéia numa conversa informal, mais ou menos como a de Marie com Alison e Alex:

MÃE: Vamos fazer de conta que uma menina de 6 anos quer que o seu irmão a deixe brincar com o videogame dele. Para ajudá-la, nós vamos brincar de "O Que Mais Ela Pode Fazer?". Nós queremos pensar em muitas maneiras, em muitas soluções DIFERENTES para este problema. À medida que vocês pensam nas soluções, eu vou anotando-as neste papel. Alex, você consegue pensar num modo de essa menina convencer o irmão a deixá-la brincar com o videogame?

ALEX: Ela poderia falar com a mãe dela.

MÃE: Certo (*escrevendo a sugestão*), ela poderia falar com a mãe. Esse é *um* modo. Porém, a idéia do nosso jogo é criar muitas soluções DIFERENTES em que essa menina possa fazer com que o seu irmão deixe que ela brinque com o videogame. Quem tem a solução número dois? Vamos encher essa folha de papel.

ALISON: Ela poderia deixar o irmão brincar com os brinquedos dela.

MÃE: (*escrevendo a sugestão*) Ela poderia falar com a mãe OU deixar o irmão brincar com os brinquedos dela. Agora nós já temos dois modos. Alex, você consegue pensar na solução de número três? (*de modo dramático, ela levanta três dedos*)

ALEX: Ela poderia deixar o irmão brincar com os brinquedos dela.

MÃE: Esta é a MESMA idéia de Alison. Eu aposto que você consegue pensar numa maneira DIFERENTE.

ALEX: Ela poderia dizer, "Por favor, por favor, posso brincar com o seu jogo?"

MÃE: (*escrevendo a sugestão*) Vocês estão conseguindo pensar em muitos modos DIFERENTES. Quem pode nos dizer outro modo, o modo número quatro?

ALISON: Ela poderia chorar.

MÃE: Ela *poderia* chorar.

(*Essa é uma resposta obscura. Pode significar tanto uma reação a um desejo não atendido quanto uma tentativa de manipular os sentimentos do outro. Marie pede mais informações.*)

Como assim, Alison?

ALISON: Para o irmão ficar com pena dela.

MÃE: Está bem. (*Nesse caso, chorar é uma solução, portanto Marie escreve a sugestão na folha de papel.*) Nós já temos quatro modos. Vamos encher a página com muitos modos DIFERENTES. Lembrem-se de que essa é a idéia do jogo.

ALEX: Ela pode dar um bombom para ele.

(Sugestão acrescentada à lista.)

ALEX: Esperar até ele não estar olhando e pegar o brinquedo.

MÃE: Vocês pensaram em seis maneiras DIFERENTES em que a menina poderia tentar fazer com que o seu irmão a deixasse brincar com o videogame.

(Ela lê a lista)

1. "Ela poderia falar com a mãe."
2. "Ela poderia deixar o irmão brincar com os brinquedos dela."
3. "Ela poderia dizer, 'Por favor, por favor, posso brincar com o seu jogo?'"
4. "Ela poderia chorar para que ele fique com pena dela."
5. "Ela poderia dar um bombom para o irmão."
6. "Ela poderia esperar até que ele não estivesse olhando e então pegar o videogame do irmão."

MÃE: vocês tiveram muitas idéias. Como vocês estão se sentindo por causa disso — ORGULHOSOS ou FRUSTRADOS?

ALISON E ALEX: ORGULHOSOS!

Como a proposta deste jogo-lição é orientar a criança a pensar em mais de um modo de resolver um problema, o processo de raciocínio é mais importante, nessa etapa, do que o conteúdo das soluções. Você deve ter se perguntado por que Marie não reagiu quando Alex sugeriu "Esperar até que o irmão não estivesse olhando e então pegar o brinquedo". É muito tentador explicar por que essa sugestão não é boa, e você poderia ficar temeroso de que as crianças pudessem ser incentivadas a pensar em maneiras inaceitáveis de conseguir o que elas querem. No próximo capítulo, você verá que as crianças são orientadas a pensar nas conseqüências de seus atos e a pensar sobre se uma idéia é ou não boa. Porém, neste ponto, é importante deixar as crianças livres para pensar. Reagir ao conteúdo de uma solução particular poderia inibir essa liberdade.

Você pode dar exemplos para os seus filhos praticarem encontrar soluções alternativas inventando diversas situações diferentes. Alguns problemas que você pode ajudar os seus filhos a tentar solucionar incluem:

- Uma menina no alto do escorregador quer que um menino na parte de baixo do brinquedo saia para que ela possa escorregar.
- Um menino quer brincar com a bola com que o seu amigo está brincando.

- Uma menina quer andar de patins com a amiga, sua vizinha. A amiga, porém, não quer andar de patins.
- Um menino quer assistir a um programa de televisão, mas a sua irmã está assistindo a um outro programa.

Você também pode deixar que as próprias crianças criem as histórias sobre problemas, ou que as procurem nas ilustrações de livros infantis ou em fotos de revistas e jornais.

Sugestões úteis

Sugestão nº 1: Mantenha o fluxo de sugestões contínuo

Em geral, as crianças pensam que só existe uma resposta certa para uma pergunta; portanto, elas talvez fiquem confusas quando você pedir idéias diferentes depois de terem oferecido uma solução para o problema. O seu filho talvez imagine que a sua primeira resposta estava "errada" quando você perguntar, "Você consegue pensar num modo DIFERENTE de resolver o problema?" Para incentivar um maior número de sugestões e a flexibilidade de raciocínio, antes de pedir uma segunda solução você pode dizer: "Este é *um* modo. Mas a idéia do jogo é pensar em muitos modos DIFERENTES." Só então peça uma nova sugestão. Essa atitude dá crédito à primeira resposta e também lembra a criança de que pedir idéias diferentes faz parte do jogo.

Sugestão nº 2: Como lidar com respostas irrelevantes ou aparentemente irrelevantes

Muitas vezes, a criança vai responder ao seu pedido por novas idéias com uma solução que é irrelevante ao problema. Na história descrita acima, por exemplo, a idéia de Alison, "Ela poderia chorar", tinha como intenção despertar a simpatia do irmão para com a menina (esse é um *choro cognitivo*) e, portanto, foi uma solução válida. Porém, se ela tivesse dito que a menina deveria chorar porque ela não podia brincar com o videogame, a resposta seria irrelevante, porque isso seria uma reação à frustração, não um modo de resolver o problema.

Quando isso acontecer, reconheça a resposta, mas não a acrescente à lista, e depois esclareça para a criança o que é que vocês estão procurando. Nesse caso, o pai ou a mãe poderia dizer: "Ela PODERIA chorar, mas neste jogo nós estamos procurando por um modo de a menina conseguir brincar com o videogame."

Em outras oportunidades, uma resposta pode parecer irrelevante do nosso ponto de vista, mas, se pedimos um esclarecimento, descobrimos que se trata de uma solução aceitável. O que dizer se Alex sugerisse que a menina poderia brincar com o videogame se ela apanhasse a bolsa da mãe? À primeira vista, essa sugestão soa irrelevante para a solução do problema. Caso, porém, Marie perguntasse, "Como isso iria resolver o problema?", Alex talvez respondesse: "Ela poderia dar uma moeda ao irmão para que ele lhe cedesse o videogame." Isso é uma solução. (Esse tipo de resposta será avaliado pelas crianças nas lições do Capítulo 6.)

Sugestão nº 3: Como lidar com respostas repetidas (variações sobre um tema)

As repetições acontecem quando as crianças oferecem soluções que, embora diferentes quanto aos detalhes, repetem o tema de uma resposta anterior. Por exemplo, uma criança poderia ter respondido à pergunta acima com a sugestão, "Contar para a mãe dela". A mesma criança, ou outra, pode elaborar sorrateiramente sobre esse tema e dizer, "Contar para o pai dela".

Quando isso acontece, agrupe as respostas na mesma categoria na sua lista e peça por algo *diferente*. Nesse caso, o pai ou a mãe pode dizer, "Contar para a mãe ou para o pai é a MESMA COISA, PORQUE nas duas algo *é contado para alguém*. Vocês conseguem dar uma sugestão que seja DIFERENTE de contar para alguém?"

Outros exemplos de repetição incluem:

Algo que é dado: dar um bombom, dar uma bala de goma, dar um chiclete, etc.
Machucar alguém: Bater nele, chutá-lo, mordê-lo, etc.
Usar emoções: chorar, reclamar, fazer cara triste, etc.

Você também deve ser cuidadoso quanto à maneira de reagir às soluções fornecidas porque, na verdade, você pode incentivar a repetição. Dizer "Esta é uma boa idéia" pode levar a criança a imaginar que, se você gosta de soluções do tipo "dar um bombom a ele", por exemplo, você também irá gostar de "dar um chiclete a ele" e "dar batatas *chips* a ele", e de todas as outras variações do tema "dar a ele alguma coisa". Se você se pegar dizendo palavras de estímulo como *muito bem* (e a maioria de nós faz isso), reforce o *processo* dizendo, "Muito bem, você pensou numa coisa DIFERENTE", ou "Muito bem, você encontrou uma nova solução".

Vamos "ecessepar"

Não muito tempo depois de você apresentar este conceito, poderá ter uma surpresa agradável, ao ouvir as crianças usarem essa habilidade de raciocínio sem que você precise estimulá-las.

A primeira vez que Marie percebeu que sua filha Alison tinha compreendido o conceito de soluções alternativas aconteceu de surpresa, logo depois de ela ouvir o barulho de vidro quebrado. Quando Marie correu ao quintal para ver o que tinha acontecido, encontrou o marido furioso, gritando com Alison. "Eu já disse a você centenas de vezes para não jogar bola perto de casa!", ele gritava. "Você está feliz agora? A janela da cozinha está quebrada e eu vou ter de pagar para consertá-la."

"Sinto muito", disse Alison. "Eu posso economizar a minha mesada para pagar o conserto, ou então eu posso chamar o vovô para que ele a conserte."

Marie adivinhou que o marido estava furioso demais para lembrar que os diálogos do ECSP não são apenas brincadeiras divertidas, mas servem também para resolver problemas reais, de modo que ela partiu para ajudar a filha a continuar pensando em meios de solucionar o seu problema.

"Alison, é bom ver que você está tentando encontrar soluções DIFEREN-TES para resolver o seu problema", interrompeu a mãe. "Por que você não nos conta o que aconteceu?"

"Não fui eu que fiz isso. Foi o Ryan que jogou a bola com toda a força para mim, mas ela veio muito alto e eu não consegui apanhá-la. Daí a bola quebrou o vidro da janela e ele saiu correndo."

"Como você acha que o Ryan se sentiu quando ele quebrou a janela e saiu correndo?"

"Ele ficou com medo."

"Como *você* se sentiu?"

"Eu fiquei zangada com ele, mas daí o papai veio, e eu fiquei assustada."

"POR QUE ficou assustada, se não foi você quem quebrou o vidro da janela?"

"Porque ele me disse para não brincar com a bola perto da casa."

"Como você acha que o papai está se sentindo com tudo isso?"

"Zangado."

Alison começou a chorar enquanto dizia: "Mas eu disse para ele que eu vou ajudar a pagar o conserto ou pedir para o vovô consertar."

"Eu ouvi você dizer isso", disse a mãe. "O que mais você PODERIA fazer para que o papai não fique tão zangado?"

"Eu prometo nunca mais fazer isso", disse Alison entre as lágrimas.

"Esta é outra idéia", concordou a mãe.

Enquanto isso, o pai de Alison só escutava o diálogo das duas. Para ele era difícil responder aos problemas com o ECSP porque ele não estava tão envolvido com os jogos e atividades quanto Marie, mas nesse momento ele estava muito impressionado. O curso normal das suas medidas disciplinares seguiria o padrão previsível do pai gritando, filhos chorando, e todos sentindo raiva e frustração. Ali, em menos de um minuto, o ECSP tinha ajudado a revelar o que de fato acontecera, estabelecer que Alison entendia os sentimentos do pai e prontificar-se a oferecer soluções próprias para o seu problema. Os resultados eram indiscutíveis.

"Alison", disse o pai, "eu estou muito zangado por causa da janela quebrada. Mas também estou contente de ouvir que você entende como eu me sinto e por estar disposta a encontrar uma maneira de resolver o problema. Sabe de uma coisa? Eu aceito as desculpas, assim como a promessa de não jogar bola perto da casa. Também vou querer que você ligue para o vovô e peça para ele vir me ajudar a trocar o vidro quebrado."

Alison saiu do "desastre" sentindo-se orgulhosa. Aprendera a lição de não jogar bola perto da casa e também que o ECSP realmente ajuda a solucionar problemas.

Quando o incidente da janela quebrada aconteceu, Marie estava brincando com os jogos do ECSP e usando os seus minidiálogos há várias semanas. Embora nem todas as crianças consigam pensar em soluções alternativas num espaço tão curto de tempo, Alison captara imediatamente a utilidade prática do ECSP. "Eu fiquei espantada", disse a mãe da menina. "Sei que tanto ela como Alex adoram as brincadeiras e reconhecem as palavras quando eu as uso em situações de problemas, mas essa foi a primeira vez que eu pude ver o que o ECSP realmente faz pelas crianças no que se refere a pensar a respeito de um problema e de como resolvê-lo."

Antes do ECSP, Alison não teria se dado conta de que o problema não estava no vidro quebrado da janela (que ela na verdade não havia quebrado), mas sim na desobediência de jogar bola onde ela sabia que não devia. Caso não tivesse pensado no que ela ou seu pai sentiam, Alison provavelmente teria discutido com o pai, insistindo que "não tinha sido ela", ou teria corrido para o seu quarto chorando. Nenhuma das duas soluções teria funcionado para resolver o conflito como a solução do ECSP.

Zangados demais para dialogar

Se você é do tipo de pai ou mãe que às vezes grita com as crianças (como o pai de Alison), ou fica arengando indefinidamente sobre a desobediência e a falta de consideração delas, não conclua que o ECSP não é para você. Não é incomum que os pais tenham uma recaída aos antigos hábitos quando estão zangados demais com as crianças para poderem pensar com clareza suficiente para conseguirem dialogar. Isso é particularmente verdadeiro quando a criança provoca o mesmo problema repetidas vezes, ou quando quebra um objeto valioso. Como as emoções dos pais são normalmente uma parte do problema para os filhos, às vezes é aconselhável retardar um diálogo do ECSP quando você estiver se sentindo muito contrariado. Nesses casos, expresse claramente os seus sentimentos de zanga, talvez mande a criança para o quarto, e, então, mais tarde, quando estiver mais calmo, inicie um diálogo ECSP. Nessas circunstâncias, nada é perdido, mas apenas adiado.

Também há ocasiões em que a própria criança está zangada ou aborrecida demais para pensar em "ecessepar". Lembro de uma menina do jardim-de-infância que queria que a sua colega de classe dividisse a argila com ela. Quando a colega se recusou a ceder mesmo um punhado, a menininha (que havia aprendido o ECSP e geralmente conseguia solucionar seus problemas) começou a chorar. Entre lágrimas e soluços, ela mal conseguia dizer para a professora o que acontecera. O que mais a transtornara não fora não poder brincar com a argila, mas o fato de ver sua amiga, com quem sempre dividira as coisas, "não querer dividir nada comigo". A professora julgou com razão que aquela não era a hora apropriada para iniciar um diálogo do ECSP. A criança tinha primeiro de ser consolada.

Se você perceber que os seus filhos estão em meio a um problema que provoca neles muita raiva ou aflição, não tente resolvê-lo imediatamente com o ECSP. Espere até mais tarde, quando eles estiverem mais calmos e mais dispostos a pensar sobre o que aconteceu, sobre o modo como eles se sentiram, bem como sobre as muitas maneiras que eles possam ter para resolver o problema.

Qual é realmente o problema?

Quando Marie e a mãe de Tanya, Karena, foram comparar as suas respectivas anotações a propósito do progresso dos filhos na busca de soluções, Karena teve de admitir que ela tinha adquirido um mau hábito. Parece que ela tinha a tendência de pedir soluções alternativas sem usar antes os conceitos de pré-solução do problema. "Eu gosto muito da idéia de ajudar Tanya a pensar sobre maneiras de resolver os seus próprios problemas", ela disse para Marie. "Porém, eu tenho de lembrar que, ao iniciar o diálogo, a primeira coisa a fazer é descobrir o problema real e ver como ela e os outros estão se sentindo sobre ele, e só então pedir por soluções."

É possível que você também acabe preso a esse padrão, pois, como pai ou mãe, você está acostumado a ser a pessoa que define o problema. Vamos imaginar que você entre na cozinha e veja que o seu filho derramou leite no chão. Querendo incentivar as habilidades de raciocínio do ECSP, você pergunta para ele: "Bem, como você vai resolver este problema?" As soluções que o seu filho talvez ofereça podem ser confusas ou irritantes se porventura o seu filho tiver uma idéia completamente diferente da sua a respeito do problema. Para a criança, o problema talvez esteja no tamanho da caixa de leite, grande demais para ele. Você, de outro lado, talvez esteja mais preocupado com a sujeira no chão da cozinha.

Para mostrar à criança (e também lembrar a você mesmo) de que a busca de soluções depende do ponto de vista de cada um de nós, dê uma espiada na ilustração da página 91.

Há várias interpretações possíveis sobre qual é o problema, e quem o está tendo. Uma criança talvez acredite que a menina quer que a sua mãe lhe compre uma boneca, o que a mãe se nega a fazer, nem mesmo se dignando a olhar para a filha. Outra criança pode concluir que os pais estão gritando com o menino que está parado entre eles. Uma terceira pode pensar que o menino da direita está pedindo aqueles blocos para o pai, que não presta atenção no que ele diz. É possível que alguém atribua o problema aos próprios pais, ou a um deles individualmente.

Para experimentar as possíveis interpretações diferentes da ilustração, e a necessidade de descobrir qual é o problema antes de orientar a criança a pensar em maneiras de resolvê-lo, você pode brincar com o seguinte jogo com o seu filho (ou filhos).

PAI: (*Faça uma cópia ampliada da ilustração para que a criança possa desenhar nela.*) Olhe bem esse desenho e descubra uma pessoa que tenha um problema. Desenhe o rosto dela para mostrar como você acha que ela está se sentindo.

(*Quando a criança terminou de desenhar.*) Diga para mim qual o problema que você enxerga na figura.

(*Depois que a criança diz qual o problema.*) Eu vejo outro problema aqui. (*Desenhe um rosto triste em outro personagem e diga qual é o problema dele.*) Você enxerga o MESMO problema OU um problema DIFERENTE?

Muitas vezes, nós achamos que sabemos qual é o problema apenas olhando; ou seja, usando os nossos _____ (*aponte para os olhos*).

Se esses personagens fossem pessoas reais, de que outra maneira nós poderíamos descobrir o problema?

(*Ajude a criança a lembrar de que podemos ouvi-los ou perguntar a eles*): Vamos tentar resolver o problema que você identificou. Quem tem o problema?

(*Deixe a criança responder*)

O que essa pessoa pode fazer para resolvê-lo?

(*Deixe a criança responder*)

Esse é *um modo* de resolver. Qual seria outro?

Como encontrar soluções alternativas • 91

92 • Ensinando seus filhos a pensar

(Continue até as idéias da criança se esgotarem. Depois, repita o procedimento com o problema levantado por você.)

Quando Alison quebrou a janela de sua casa, o problema nunca teria sido resolvido a contento de todos se os pais continuassem enfatizando a questão da desobediência, em contraste com a insistência da menina que "Mas não fui eu que a quebrei". O jogo acima ajuda tanto a nós quanto as crianças a descobrir de quem é o problema e qual é o problema antes que alguém comece a resolvê-lo.

Marie lembrou dessa lição poucas semanas depois, quando viu um pequeno monte de lixo sob a cama de Alex. A tarefa do menino aos sábados era a de colocar o lixo do seu quarto na lixeira da casa, que ficava no porão; mas, aparentemente, em vez disso, ele tinha estado esvaziando o seu cesto de lixo embaixo da cama. Antes do ECSP, Marie teria ficado furiosa e chamado Alex ao quarto, repreendendo-o furiosamente pela traquinagem. "Tire já daqui esse lixo", teria gritado, "e nunca mais coloque o lixo debaixo da cama!" Teria também lembrado o filho da sua responsabilidade: "É sua função tirar o lixo do quarto. Você deve aprender que, numa família, todos devem colaborar com as tarefas." Veja agora, porém, de que modo Marie, como uma mamãe ECSP, usou o método com resultados surpreendentes:

MÃE: *(calmamente)* Alex, POR QUE este lixo está debaixo da sua cama?
ALEX: PORQUE eu não gosto de levá-lo até o porão.
MÃE: *(tentando entender o ponto de vista de Alex do problema)* POR QUE não?
ALEX: PORQUE eu não gosto de ir lá sozinho. O porão me deixa com medo.
MÃE: Você nunca me disse isso.
ALEX: Eu pensei que você ia me chamar de bebê chorão.
MÃE: Alex, você não precisa esvaziar o cesto de lixo se isso deixa você com medo. Porém, você é parte da família, e eu quero que você me ajude de algum modo nas atividades domésticas. O que você acha que poderia fazer?
(Marie identifica o problema real — lidar com as responsabilidades — e ajuda o filho a encontrar uma solução.)

ALEX: Eu posso dar comida para o peixe no aquário.
MÃE: Ótimo.
(Marie aceita a tarefa — mais ao gosto do filho — como uma solução para esse problema.)

Quase sempre ao começarmos uma frase do tipo "POR QUE você...?", a criança sabe instintivamente que se trata de uma manifestação da nossa raiva, e não de um anseio legítimo por informações. Quando, porém, a pergunta é feita num tom de voz menos ameaçador, que busca o esclarecimento dos fatos, e a resposta da criança é ouvida, fazemos descobertas valiosas. Por terem despendido um tempo para identificar o problema real, tanto Marie como Alex encontraram uma solução satisfatória. Alex ficou todo orgulhoso de sua decisão de cuidar do peixe no aquário, e assim passou a executar a tarefa de maneira conscienciosa. Isso contentou Marie, que viu que o seu filho estava aprendendo a lidar com a responsabilidade.

A brincadeira do faz-de-conta

Os incidentes da janela quebrada e do lixo debaixo da cama deram para Marie um entusiasmo renovado para continuar o programa do ECSP com mais jogos de busca de soluções. O primeiro jogo que tentou fazer com os filhos envolvia a interpretação de papéis, para enfatizar a necessidade de se obter informações antes de se fazer uma suposição e para reforçar a idéia de que existe mais de um modo de resolver um problema.

No dia seguinte, Marie reuniu Alex, Alison e Tanya na sala logo depois do jantar. "Vamos brincar com um novo jogo de adivinhar do ECSP", ela disse. "Cada um de vocês vai interpretar uma cena e eu vou fazer perguntas sobre ela." Marie instruiu Alison e Tanya para ficarem juntas e fingirem que estavam brincando. Depois, pediu que Alex se levantasse e ficasse junto às meninas. Então ela instruiu Tanya a olhar para Alex e balançar a cabeça em sinal negativo, e disse a Alex para se afastar com olhar triste.

"Quem consegue adivinhar qual é o problema?", perguntou a Mãe.

"Elas não querem brincar comigo", disse Alex.

"O que é que Alex pode fazer OU falar para poder brincar com elas?", perguntou a mãe.

"Ele pode trazer um de seus brinquedos para brincar junto com a gente", disse Alison.

"Muito bem. Você imaginou a solução número um. Quem consegue imaginar a número dois?"

"Eu poderia ficar gritando até que elas me deixassem brincar", disse Alex.

"Esse é um modo DIFERENTE", disse a Mãe. "Tanya, você pode me oferecer uma terceira solução?"

"Ele poderia falar com a professora", sugeriu Tanya.

"Esse é outro modo", disse a mãe com um sorriso.

Marie pôde dramatizar situações de conflito porque tinha à disposição um pequeno grupo de jogadores entusiasmados. O jogo de faz-de-conta, porém, pode ser feito igualmente com uma única criança, com a ajuda de fantoches.

Segure dois fantoches e os apresente como fantoches irmãos, dizendo que eles têm um problema. Represente uma cena como a apresentada abaixo, e peça para o seu filho adivinhar qual é o problema deles.

IRMÃ: (*lendo um livro*)

IRMÃO: (*começa a cutucá-la, incomodando-a*)

IRMÃ: Pare com isso!

IRMÃO: (*continua a cutucar a irmã*)

IRMÃ: Saia daqui!

IRMÃO: Não.

PAI: (*às crianças*) Você consegue adivinhar qual é o problema entre eles?

(*O seu filho vai responder algo do gênero como "irmão que não deixa a irmã em paz". Depois, faça com que a irmã pergunte para o seu filho:*)

IRMÃ: O que é que eu posso fazer para que o meu irmão me deixe sossegada para ler o livro?

Quando o seu filho oferece uma solução, tome conhecimento dela, depois peça uma solução *diferente*, e, depois, também uma terceira. Você pode usar os fantoches para a interpretação de papéis em muitas situações de conflitos diferentes, que farão com que os seus filhos adquiram prática para propor soluções alternativas aos problemas.

Mais sugestões úteis

Sugestão nº 4: Como lidar com as crianças que imitam as outras

Quando mais de uma criança estão brincando com os jogos de busca de soluções do ECSP, é bastante comum que elas repitam as idéias umas das outras quando você pede outras soluções possíveis. Voltando ao diálogo sobre a menina e o videogame, Alex repetiu a solução de Alison, "Ela poderia deixá-lo brincar com os seus brinquedos". Quando crianças como Alex, normalmente bastante falantes, repetem as respostas alheias, você deve responder do mesmo modo que Marie, com uma frase tipo, "Ah, eu aposto que você consegue pensar em alguma coisa DIFERENTE".

As crianças que apenas repetem o que as outras dizem porque geralmente são inibidas não devem ser pressionadas a apresentar uma idéia diferente. Em vez disso, elogie-as por terem dito alguma coisa, com comentários como: "Que bom que você disse isso também." Ou talvez você possa deixar essa criança

Como encontrar soluções alternativas • 95

segurar o fantoche e pedir a ela uma nova idéia; ou então, incentive a criança mais resistente a cochichar uma idéia no ouvido do fantoche.

Sugestão nº 5: Como lidar com o comportamento monopolizador

Se você pedir soluções para um grupo de crianças, e uma delas monopolizar continuamente a conversa, sem deixar que as outras participem e tenham uma oportunidade de também dar uma resposta pessoal, é bom perguntar à criança dominadora: "É JUSTO que TODAS às vezes sejam de APENAS uma criança, e que as OUTRAS NÃO tenham NUNCA a sua vez?" Pedir para uma criança treinada no ECSP que pense sobre os sentimentos dos outros ou sobre o seu próprio comportamento é normalmente uma boa solução para esse problema.

Teatrinho de fantoches

A mãe de Tanya ainda costumava usar Tippy e Ollie para fazer jogos do ECSP com Tanya, especialmente quando estava em casa sem a companhia de Alison e Alex. No primeiro dia em que brincaram de encontrar soluções, elas seguiram o roteiro abaixo para uma brincadeira com os fantoches. Talvez você queira tentar algo assim para incentivar crianças tímidas ou arredias a pensar em soluções diferentes.

TIPPY: (*dá uma mordida no último biscoito*)

OLLIE: Eu também quero.

TIPPY: Não, você já ganhou o seu. Este é meu.

MÃE: O que está acontecendo? Qual é o problema?

OLLIE: O Tippy está comendo o *meu* biscoito.

TIPPY: É mentira. Foi o Ollie quem comeu o *meu* biscoito.

MÃE: Vocês dois vêem o que aconteceu da MESMA maneira OU de maneira DIFERENTE?

TIPPY: De maneira DIFERENTE.

MÃE: Ah, isso quer dizer que nós estamos com um problema. Será que a gente consegue achar uma solução para ele?

OLLIE: Eu não consigo. Você pode me ajudar, Tanya?

TANYA: Você pode pedir mais biscoitos para a sua mãe.

MÃE: Essa é *uma* solução. O propósito deste jogo é o de encontrar uma porção de soluções diferentes. Qual seria uma solução nova e DIFERENTE?

TANYA: Você poderia dividir o biscoito pela metade.

MÃE: Certo. Esse é um modo DIFERENTE. Eu aposto que você consegue pensar numa terceira solução.

TANYA: Um de vocês pode comer o biscoito e o outro comer talvez um bom-bom.

MÃE: Agora o Tippy e o Ollie têm três modos de resolver o problema deles.

OLLIE: Muito obrigado, Tanya.

TIPPY: É, muito obrigado. Eu vou tentar as três soluções!

No início, crianças acanhadas como Tanya terão dificuldades em imaginar soluções para os seus problemas, de modo que a brincadeira com os fantoches lhes dá a oportunidade de praticarem a idéia de um modo não-ameaçador e impessoal. Na medida em que aumenta a confiança pessoal na capacidade de resolver problemas, também cresce a motivação para aplicar essas habilidades de raciocínio aos próprios problemas.

Na verdade, uma semana depois que Tanya e sua mãe brincaram com esses jogos de encontrar solução para os problemas, a professora da menina comentou com Karena que havia observado uma grande mudança na postura de Tanya frente às outras crianças. Ela se lembrava especificamente de uma ocasião em que Tanya estava olhando duas meninas pularem corda no pátio da escola. Era óbvio que Tanya desejava juntar-se às duas, mas, do seu jeito tímido, não ousava aproximar-se, e simplesmente ficou de lado, acompanhando a brincadeira. "De repente", a professora contou a Karena, "Tanya dirigiu-se à menina que segurava a corda e sugeriu, 'Se você precisar de outra pessoa para segurar a outra ponta da corda, eu posso fazer isso'. As duas meninas pensaram por um momento e depois deram uma das pontas da corda para Tanya, e as três brincaram juntas até o final do recreio. Eu fiquei muito feliz ao ver Tanya se expressar e sugerir uma idéia como essa."

Se quem tivesse sugerido que Tanya segurasse a corda fosse a *professora*, será que as crianças a teriam convidado para brincar? Mesmo que a convidassem, será que Tanya estaria pronta para o desafio? Naquele momento, Tanya estava pronta — a idéia fora *sua*.

Jogos do ECSP para a busca de soluções

Jogo-da-velha

Pratique uma vez o jogo com as crianças, para se certificar de que elas conhecem as regras. Depois, anuncie que você sabe como brincar de jogo-da-velha ECSP. "Eu vou contar para vocês um problema. Se um dos jogadores conseguir imaginar uma solução DIFERENTE para ele, coloca a sua marca

— um *O* ou um *X* na tabela. O jogador perde a vez se não conseguir pensar numa nova solução, ou se a solução dada já tiver sido dita."

Você pode começar com um problema como este: Gary pegou emprestado o ioiô de Karl, mas o perdeu. Agora ele está com medo que Karl fique zangado. O que é que Gary pode fazer para que Karl não fique tão zangado?

Se você está brincando com só uma criança, você será o oponente que oferece diferentes soluções. Se você estiver brincando com duas crianças, faça com que uma jogue contra a outra. Se o jogo envolve mais de duas crianças, faça com que elas se revezem.

Lembre-se que as crianças só podem marcar um X ou um O na tabela se elas tiverem dado uma solução nova e relevante ao problema. Repetições e respostas irrelevantes não valem.

O Jogo do livro de histórias

Você pode usar um livro de histórias infantis que retrata um problema interpessoal para ajudar os filhos a praticar a busca de soluções alternativas. À medida que for lendo a história, faça pausas em momentos apropriados, fazendo perguntas como as seguintes:

"O que aconteceu? Qual é o problema?"

"Será que alguma personagem enxerga um problema DIFERENTE?"

"Como você acha que a (Personagem nº 1) se sentiu quando _____ _____ (*repita o problema*)?"

"Você acha que a (Personagem nº 2) se sente da MESMA maneira ou de maneira DIFERENTE?"

"O que a (Personagem nº 1) fez ou disse para resolver o seu problema?"

"Como a (Personagem nº 2) se sentiu quando a (Personagem nº 1) fez ou disse isso?"

"Você consegue imaginar um modo DIFERENTE em que a (Personagem nº 1) poderia ter solucionado o seu problema?"

"Você consegue pensar em outro modo DIFERENTE desse?"

Teatro de fantoches

Você pode usar fantoches de diversos modos diferentes. Eles podem incentivar as crianças a interpretar papéis em situações problemáticas; os fantoches podem estimular as crianças resistentes a oferecer mais soluções, e as crianças tímidas podem fazer com que os fantoches falem por elas.

A peça de fantoches a seguir, adaptada de uma lição de sala de aula que eu desenvolvi para o meu guia curricular *I Can Problem Solve*, dará a você uma idéia de como os fantoches podem ajudar a criança a praticar a busca de diferentes soluções para situações de conflito.

OLLIE: Mamãe, o Tippy colocou o dedo no meu olho.

TIPPY: Eu não! *Você* colocou o dedo no *meu* olho.

MÃE: O que aconteceu ANTES que um dos dois colocasse o dedo no olho do outro?

OLLIE: Eu estava esperando para brincar lá fora quando o Tippy acertou o meu olho com a sua jaqueta.

TIPPY: Eu não fiz isso!

MÃE: Tippy, o que você acha que aconteceu?

TIPPY: Eu ia colocar a minha jaqueta quando ela escapou das minhas mãos, e acabou acertando o Ollie. Daí o Ollie colocou o dedo no meu olho. Ele realmente me machucou.

MÃE: Você tentou machucar o Ollie?

TIPPY: Não.

MÃE: Ollie, como você está se sentindo agora?

OLLIE: ZANGADO.

MÃE: E você, Tippy, como está se sentindo?

TIPPY: FRUSTRADO.

MÃE: O que é que se pode fazer para que o Ollie NÃO se sinta ZANGADO e Tippy NÃO se sinta FRUSTRADO? (*Dirigindo-se ao filho, ou aos filhos*) Como a gente pode resolver esse problema?

FILHO: Eles podem contar para você.

MÃE: Sim, eles poderiam. Você consegue pensar num modo DIFERENTE? Um modo em que eles mesmos possam resolver este problema?

FILHO: Eles podem conversar e tentar se entender.

MÃE: Esse é *um* modo. Você consegue pensar numa solução DIFERENTE?

FILHO: Eles podem dizer, "Vamos voltar a ser amigos".

MÃE: Esse é outro modo. Você consegue pensar na solução de número três?

FILHO: Eles podem dar presentes um para o outro.

MÃE: Você se saiu muito bem pensando em modos DIFERENTES para que o Tippy e o Ollie resolvam o problema deles.

As peças com fantoches e os jogos do ECSP são um jeito divertido de exercitar habilidades que terão um papel preponderante na resolução de problemas na vida real. A maior parte das crianças se diverte com os jogos, sendo capazes de sugerir uma variedade de soluções para os problemas nas situações criadas, bem antes de começarem a aplicar essas soluções aos seus problemas diários. Portanto, seja paciente. Gaste tempo brincando com os jogos e incentivando seus filhos a usarem as habilidades do raciocínio ECSP quando eles depararem com um problema — depois, mantenha os olhos e os ouvidos bem abertos para identificar sinais do ECSP no modo como as crianças pensam sobre os seus próprios problemas.

Mesmo Alex, cujo estilo de resolução de problemas sempre fora impulsivo e agressivo, surpreendeu a mãe certo dia com uma solução ECSP. Depois de várias semanas de brincadeiras de busca de soluções, Alex usou as habilidades adquiridas para fazer com que a mãe comprasse para ele uma barra de chocolate enquanto faziam compras no supermercado.

"Posso levar este chocolate?", perguntou Alex.

"Não", respondeu a mãe, como sempre.

"Por favoooor", implorou Alex, também como sempre.

"Não", repetiu a mãe.

"Isso me deixaria tão alegre", tentou Alex.

O uso desta palavra, "alegre", chamou a atenção de Marie. Tentando esconder um sorriso, ela perguntou: "Ah, isso iria mesmo deixar você ALEGRE?"

"Sim", respondeu Alex em tom sincero. "E eu só vou comê-lo depois do jantar."

"Eu não conseguia acreditar", Marie me disse mais tarde. "Eu quase deixei cair um frango no chão. Eu e Alex já tínhamos cansado de repetir esse tipo de diálogo sobre doces antes. Vê-lo, porém, começar a raciocinar de outros modos que não pelo uso de artimanhas como chorar e gritar, para conseguir o que ele queria simplesmente me encantou. É claro que eu não pude resistir — comprei para ele a barra de chocolate, que ele esperou até depois do jantar para comê-la. Haverá vezes, é claro, em que, por mais que ele tente soluções diferentes usando os novos modos de pensar, a resposta continuará a ser 'Não'. No entanto, nesse momento no supermercado, eu me dei conta que o ECSP iria ajudá-lo de fato a ser uma criança menos manhosa e exigente."

Alex estava com certeza aprendendo as habilidades do raciocínio do ECSP e muitas vezes ele demonstrava disposição para considerar soluções alternativas. Entretanto, ele estava longe de ser um solucionador de problemas perfeito. Embora conseguisse encontrar soluções alternativas quando se tratava da mãe, as soluções escolhidas por ele no convívio com os amiguinhos eram no mais das vezes agressivas (lembre-se de sua solução para que as meninas deixassem que ele brincasse com elas, "Eu poderia gritar até que elas me deixassem brincar"), ou irrelevantes (como a idéia de apanhar um dinheiro da bolsa da mãe para conseguir jogar com o videogame). No entanto, quando essas sugestões foram feitas, a sua mãe as aceitou como uma parte do jogo de pensar em novas alternativas. Até esse ponto do ECSP, como Alex, seus filhos têm tido a liberdade de pensar em soluções para os problemas sem avaliar o conteúdo delas — sem julgamento. Depois que os seus filhos desenvolverem o hábito de pensar que "há mais de um modo", eles podem passar para o próximo capítulo para considerar "O que PODE acontecer SE eu fizer isso?"

6

◆ ● ◆

A consideração das conseqüências

Até aqui, os seus filhos praticaram pensar em diferentes soluções para problemas hipotéticos e reais. Você deve lembrar que Tanya, Alison e Alex interpretaram papéis numa cena em que duas crianças não deixavam uma terceira brincar, mostrando-se no fim capazes de pensar em diversas soluções possíveis para o problema — e até mesmo a solução de Alex de "gritar até elas me deixarem brincar" não foi criticada, pois o ECSP é antes um processo do que conteúdo. Vamos acrescentar agora a última habilidade para a resolução de conflitos — o raciocínio conseqüencial — para que os seus filhos possam aprender a avaliar o impacto que as suas soluções exercem, tanto sobre si mesmos quanto sobre as outras pessoas. É difícil para a criança pensar simultaneamente sobre o que ela poderia fazer e sobre o que poderia acontecer se ela fizesse isso; porém, ao longo dos anos eu descobri que as crianças, já na idade de 4 anos, podem tornar-se proficientes nisso depois de certo tempo de prática.

É este último passo que torna o programa de solução de problemas do ECSP tão valioso para os seus filhos, tanto agora quanto à medida que forem crescendo. Em nossa sociedade, as pessoas que repetidamente reagem a seus problemas com outras pessoas de maneira insensível, cruel ou destrutiva, não adquiriram o hábito de pensar nas conseqüências de seus atos antes de colocá-los em prática. Por outro lado, as pessoas treinadas com o ECSP se mostram mais capacitadas a reagir aos conflitos diários de maneiras mais razoáveis e responsáveis, porque praticaram a habilidade do raciocínio conseqüencial.

Pensando sobre a seqüência das coisas

O objetivo do raciocínio conseqüencial é ajudar os seus filhos a pensar sobre o que pode acontecer *a seguir* se uma solução em particular for adotada. Portanto, a idéia de conseqüências só faz sentido se as crianças souberem que os acontecimentos seguem-se um ao outro numa certa ordem. Os seus filhos poderão alcançar esse objetivo com mais facilidade se você primeiro revisar a idéia de que as coisas acontecem numa determinada seqüência.

ANTES E DEPOIS

O raciocínio conseqüencial pode ser revisado ao voltarmos ao Capítulo 2, aos jogos com as palavras *antes* e *depois*. Essas palavras permitem que as crianças reconheçam uma situação conseqüencial, como, por exemplo, em "Ele me bateu DEPOIS que eu lhe disse um palavrão".

Você pode praticar esse conceito com os seus filhos enquanto estiver fazendo qualquer tarefa de dois passos — como preparar uma tigela de leite com cereais no café da manhã ("Eu coloco o leite DEPOIS de colocar o cereal na tigela") ou escovar os dentes ("Eu coloco pasta de dente na escova ANTES de escovar os dentes"). Então, deixe que os seus filhos criem os seus próprios exemplos.

Inventando uma história

Outro jogo seqüencial muito divertido é a elaboração de histórias, que pode ser feito em praticamente qualquer lugar ou horário — enquanto você lava a louça, dirige o carro ou espera na fila do caixa do supermercado. Tente o seguinte:

Comece inventando uma história sobre qualquer coisa e deixe que cada uma das crianças elabore um final. Marie começou a brincar de inventar histórias com Alex da seguinte maneira:

"Certo dia", ela disse, "a mãe de um menininho queria fazer um bolo. Assim, a primeira coisa que ela fez foi misturar TODOS os ingredientes. Depois, ela..." Marie interrompeu a história e pediu que o filho dissesse o que acontecia a seguir.

"Ela colocou o bolo no forno", respondeu Alex.

Marie continuou a narrativa com a deixa do filho: "E então o bolo ficou pronto. O que você acha que aconteceu a seguir?"

"Daí ela deu o bolo para o filho comer, e ele comeu tudinho", riu-se Alex.

Você pode usar histórias como essa de Marie, cuja seqüência de passos é bem conhecida, como cultivar o jardim ou arrumar a mesa para o jantar. Você pode também criar histórias mais imaginativas, abertas a múltiplos finais, como esta, que começa da seguinte maneira: "Era uma vez uma menininha que mudou para uma nova casa. Quando ela chegou lá, a primeira coisa que fez foi...", e então pergunte o que aconteceu a seguir na história. Isso ajuda as crianças a meditarem sobre a questão, "O que acontece a seguir?"

O que PODERIA acontecer SE...

Você também pode revisar a idéia de seqüência com um jogo chamado "O que PODERIA acontecer SE..." Nesse jogo, você propõe uma circunstância para o filho e pede que ele a complete com a sua conseqüência. Com os iniciantes, você pode começar com os exemplos abaixo, e depois criar os seus próprios:
O que PODERIA acontecer SE...

- você passasse a noite inteira sem dormir?
- você estivesse vestindo maiô ou calção no meio da neve?
- uma pessoa nunca escovasse os dentes?
- uma mulher nunca desse comida para o seu bichinho de estimação?
- uma criança só comesse comida que não é nutritiva?
- nunca chovesse?

Esses jogos que praticam o raciocínio seqüencial irão estimular a disposição da criança para pensar: "SE eu escolher essa solução o que PODE acontecer a seguir?" Esse "PODE acontecer a seguir" é a conseqüência, que é tão importante para a efetiva solução de conflitos.

A consideração das conseqüências interpessoais

O raciocínio conseqüencial pode ser praticado com jogos semelhantes aos que você usou no capítulo anterior para exercitar a criação de soluções alternativas. As palavras *pode* (ou *poderia*) e *talvez* devem ser enfatizadas como nos jogos anteriores do ECSP porque ninguém consegue prever com certeza o que *vai* acontecer a seguir — quando outras pessoas estão envolvidas, as conseqüências nunca são garantidas. Karena escolheu um sábado à tarde para iniciar o estágio final do ECSP, quando Tanya, Alison e Alex estavam à sua volta na cozinha, queixando-se de que não tinham nada para fazer.

Com papel e lápis nas mãos, ela disse para eles: "Está bem, venham aqui. Sentem-se à mesa e vejam se conseguem ajudar um menininho que eu conheço a resolver o seu problema." Sabendo que se tratava de uma brincadeira ECSP, as crianças correram para a mesa.

MÃE: Este menino, chamado Joey, queria dar de comer para o hamster da sua classe, mas uma menina chamada Jill já estava agachada junto à gaiola, pronta para alimentar o animalzinho. Como é que o Joey pode fazer para ter a sua vez de alimentar o hamster?

ALISON: Eu sei! Ele poderia perguntar à menina se eles não podiam dar um pouquinho de comida cada um deles.

MÃE: Esse é um modo. Lembrem-se de que a idéia do jogo é pensar em mais de um modo. Tanya, você consegue pensar num modo DIFERENTE?

TANYA: Ele podia pedir à professora para ter a sua vez.

MÃE: Muito bom. Você pensou num modo DIFERENTE. Alex, você consegue pensar num terceiro modo em que o Joey possa dar de comer para o hamster?

ALEX: Ele poderia empurrar a menina para o lado.

MÃE: Muito bem, vamos pensar sobre essa solução e criar uma nova história, a história sobre o que PODERIA acontecer a seguir. Vamos fazer de conta que o menino empurrou a menina. Isso é algo que ele pode *fazer;* eu vou anotar a sugestão aqui no canto esquerdo da folha de papel. (*Trace uma linha dividindo a folha ao meio e depois escreva no canto esquerdo a sugestão de Alex.*)

Ele poderia empurrar a menina. |

MÃE: Agora escutem com atenção. Esta é uma nova pergunta. SE o menino empurrasse a menina, o que PODERIA acontecer a seguir na história?

ALISON: Ela poderia empurrá-lo de volta.

MÃE: Certo. A menina PODERIA empurrar o Joey. Eu vou anotar todas as coisas que PODERIAM acontecer aqui no lado direito desta linha. (*Anota a resposta de Alison.*)

Agora, vamos pensar em muitas coisas que PODERIAM acontecer a seguir SE o menino a empurrasse.

TANYA: Ela poderia chorar.

MÃE: Sim. A menina PODERIA chorar. (*Anota essa possível conseqüência no lado direito da linha e desenha uma linha da solução até as duas conseqüências dadas até aqui.*)

Ele poderia empurrar a menina ⟨ Ela PODERIA empurrá-lo de volta.
Ela PODERIA chorar.

MÃE: Se o menino empurrar a menina (*aponta para o lado esquerdo da folha*), ela PODE empurrá-lo de volta (*escurece as setas de ligação de modo dra-*

mático) OU ela pode chorar (*enfatiza a seta novamente*). OU ENTÃO, o que mais essa menina PODERIA fazer SE o menino a empurrasse?

ALEX: Ela poderia contar para a mãe dela.

MÃE: (*acrescentando a sugestão de Alex no lado direito da folha*) O que a menina PODERIA dizer SE o garoto a empurrasse?

TANYA: Ela pode dizer, "Saia daqui!"

MÃE: (*acrescentando a sugestão de Tanya no lado direito da folha*) Certo. Como a menina PODERIA se sentir SE ele a empurrasse?

ALEX: Zangada!

MÃE: Ela PODERIA ficar ZANGADA SE o menino a empurrasse (*acrescenta a sugestão à lista*). Olhem agora tudo o que PODERIA acontecer SE o menino seguisse a sugestão de Alex para resolver o problema (*lê em voz alta as sugestões do lado direito*):

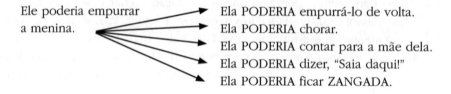

MÃE: Vocês se saíram muito bem pensando em todas as coisas DIFERENTES que PODERIAM acontecer. Mais tarde, nós vamos fazer o mesmo jogo com um problema diferente, mas agora é hora do lanche.

A sensação de tédio evaporara, e a garotada rodeou Karena pedindo lanche. A introdução ao jogo sobre a consideração das conseqüências fora curta, porém bem-sucedida.

O processo de considerar as conseqüências

Como você pôde observar a partir do jogo de problemas hipotéticos proposto por Karena, a lista de conseqüências é uma simples questão de identificar o problema, pensar numa solução e perguntar, "O que PODERIA acontecer a seguir?" O fato de anotar as sugestões dadas e ligar por flechas as soluções com as suas conseqüências, ajuda as crianças a visualizar (mesmo aquelas que não sabem ler) que uma ação leva a outra.

Assim como Karena, você talvez vá julgar útil seguir os simples passos a seguir quando estiver avaliando as conseqüências com os seus filhos:

1. Diga qual o problema, ou deixe que a criança diga qual é o problema.
2. Peça por soluções alternativas do modo costumeiro.

A consideração das conseqüências • 105

3. Faça uma pausa quando uma solução dada for útil para perguntar sobre as conseqüências. (Normalmente, "bater", "pegar à força", "contar para alguém" são boas palavras para começar.)
4. Anote essa solução no lado esquerdo da folha.
5. Anuncie que você vai contar uma história *diferente* sobre o que *poderia* acontecer a seguir. Peça por várias respostas *diferentes*.
6. Liste cada uma das respostas no lado direito da folha de papel e trace linhas ligando a solução a cada resposta.

Vá em frente e deixe que os seus filhos tentem raciocinar em termos de ação e conseqüência. Você pode começar com um problema como este: Kyle tinha creions, e Tara tinha pincéis atômicos. Kyle queria usar os pincéis atômicos de Tara. O que ele poderia fazer para conseguir isso? Depois, peça que as crianças digam as muitas coisas diferentes que poderiam acontecer se ele fizesse isso.

(Observe que a questão acima inclui a palavra "usar". Se, em vez disso, você perguntar "O que ele poderia fazer para *conseguir* os pincéis?", isso seria quase uma sugestão para que a resposta seja algo como "Pegá-los".)

Sugestões úteis

Sugestão nº 1: Como manter o fluxo das conseqüências

Você pode manter o fluxo das conseqüências do mesmo modo que incentivava mais soluções — sem dar a impressão de que a primeira resposta era "errada". Você deve fazer o seu filho entender que a graça da brincadeira está em pensar sobre uma porção de coisas que poderiam acontecer — e não que você não gostou das sugestões dadas. Portanto, quando você for pedir por novas idéias, sempre diga algo como, "Esta é *uma* das coisas que PODERIA acontecer. No entanto, o objetivo do jogo é pensar sobre muitas coisas que PODERIAM acontecer SE..."

Sugestão nº 2: Como fazer com que as crianças pensem em mais conseqüências

Se os seus filhos não conseguem mais pensar em respostas à sua pergunta "O que PODERIA acontecer SE...?", pergunte a eles: "O que _____ PODERIA *dizer?*", ou até mesmo "O que _____ PODERIA *fazer?*"

Sugestão nº 3: Como lidar com as reações em cadeia

O seu objetivo é falar apenas sobre as conseqüências diretas e não sobre as reações em cadeia. Por exemplo, quando Jon empurra Patrícia, a conseqüência direta é que ela poderia revidar e empurrá-lo de volta. Quando você pede outra conseqüência, o seu filho talvez diga, "Então Jon PODERIA atirar um bloco de montar nela". Porém, o ato de atirar um bloco de montar sobre Patrícia não é uma conseqüência direta do primeiro ato de Jon, de empurrar a menina — trata-se de uma reação em cadeia de ter sido empurrado por Patrícia.

Caso o seu filho ofereça uma conseqüência que é uma reação em cadeia, chame a atenção para isso e volte ao jogo. Você pode dizer, por exemplo, que "Isso PODERIA acontecer SE Jon tivesse sido empurrado por Patrícia. Mas lembre-se que nós estamos tentando imaginar várias coisas que PODERIAM acontecer logo depois de Jon ter empurrado Patrícia. A sugestão de número um é a de que Patrícia PODERIA empurrar Jon de volta; o que mais PODERIA acontecer?"

Sugestão nº 4: Como lidar com respostas vagas ou aparentemente irrelevantes

Lide com as respostas vagas ou aparentemente irrelevantes da mesma maneira que você lidou quando estavam pensando em soluções alternativas. Em primeiro lugar, descubra o que o seu filho quis dizer com a resposta; é especialmente importante perguntar à criança quem é o sujeito da ação. Por exemplo, no caso do problema do menino que queria dar comida para o hamster, a resposta "pegar a comida" pode ser tanto uma solução referente à ação do menino, quanto uma conseqüência levada a cabo pela menina. Nesse caso, você deveria pedir que o seu filho explicasse quem pegou a comida. Se a resposta for que o menino apanhou a comida para dar ao animal (que é uma solução para o problema do menino), você deve fazer a observação: "Isso é o que o *menino* poderia fazer para alimentar o hamster. Lembre-se de que nós estamos tentando imaginar o que a *menina* PODERIA *dizer* OU *fazer* SE o menino a empurrasse."

Sugestão nº 5: Como reagir às respostas do tipo "Nada vai acontecer" ou "Não sei"

Quando você pergunta aos seus filhos, "O que PODERIA acontecer a seguir?", eles podem responder "Nada", ou "Não sei". Pode ser que a resposta seja sincera, o que mostra que eles estão travados e não conseguem pensar em nada, mas também pode significar que eles não querem pensar sobre a questão, que não se importam ou simplesmente que não queiram mais continuar a brincar. Se isso acontecer, tente decifrar se a resposta é do tipo "Estou travado" ou "Eu não me importo". Se porventura os seus filhos não estiverem interessados em continuar com o jogo do ECSP nesse momento, faça uma pausa. Haverá muitas outras oportunidades de usar o ECSP mais tarde. Se os seus filhos estão de fato sentindo-se travados e não conseguem pensar nenhuma resposta, você pode incentivar o raciocínio conseqüencial ao continuar o diálogo.

Se a resposta dada à pergunta, "O que PODERIA acontecer a seguir?" for "Nada", você pode dizer, "TALVEZ nada aconteça, mas vamos imaginar algo que PODERIA acontecer". Incentive os seus filhos a "imaginar" uma conseqüência.

Se os seus filhos disserem, "Eu não sei", concorde com eles que ninguém pode prever com certeza o que pode acontecer, mas depois estimule-os a continuar com o jogo, fazendo de conta e imaginando o que *poderia* acontecer.

Sugestão nº 6: Como lidar com as repetições

Como você pôde constatar quando começou a pedir soluções alternativas, algumas crianças dão como resposta variações sobre um tema que não são na realidade respostas *diferentes*. Se isso acontecer quando você perguntar por conseqüências, observe que todas essas coisas "são bem parecidas umas com as outras, PORQUE em TODAS elas _____ (p. ex., alguém conta para alguém)". Então, peça que elas digam algo que *poderia* acontecer que seja diferente.

Assim como no caso das repetições quando se tratava da busca de soluções, as respostas repetidas mais comuns com as conseqüências são as seguintes:

Contar para a mãe/contar para o pai/contar para a professora (em todos os casos, contar para alguém).

Bater/socar/dar um tapa (em todos os casos, machucar outra pessoa).

Gritar/berrar/esbravejar (em todos os casos, demonstrar a raiva com a voz).

Soluções e conseqüências

Uma vez que o seu filho pareça ter compreendido a noção de que as soluções têm conseqüências, você pode começar a usar uma versão mais curta do jogo solução-conseqüência, combinando a busca de soluções alternativas com o raciocínio conseqüencial.

Digamos que você apresente o seguinte problema aos seus filhos:

Betty tem um brinquedo, e Derek quer brincar com ele. O que Derek pode fazer para brincar com o brinquedo?

Em primeiro lugar, peça às crianças para pensarem numa solução:

Solução: Ele pode pedir o brinquedo para a Betty.

A seguir, peça para que digam uma possível conseqüência:

Conseqüência: Ela dará o brinquedo para Derek.

Continue a pedir por pares de solução-conseqüência enquanto houver tempo e interesse. Alguns possíveis pares para esse exemplo podem incluir:

1. Ele pode chutá-la. ⟶ Ela irá chorar.
2. Ele pode dizer, "Não serei ⟶ Ela não se importará.
mais seu amigo".
3. Ele pode pedir o brinquedo. ⟶ Ela lhe dará o brinquedo.
4. Ele pode oferecer os seus ⟶ Ela irá aceitar.
lápis de cor em troca.
5. Ele pode tirar o brinquedo dela. ⟶ Ela o pegará de volta.

Quando é apresentado em forma de brincadeira, esse tipo de processo de raciocínio tende a se tornar uma atividade recreativa bastante agradável para as crianças. Então, mais tarde, quando os seus filhos tiverem problemas reais para resolver, eles se mostrarão dispostos e até mesmo ansiosos para considerar a sua sugestão: "Você tem um problema; vamos pensar em soluções E nas suas conseqüências", ou até mesmo abreviando, como alguém ouviu Alison dizer para Alex certo dia: "Vamos 'ecessepar' isso."

Teatrinho de fantoches

Como sempre, os fantoches são uma maneira divertida de ajudar as crianças a praticarem as novas habilidades do ECSP. Certo dia, logo depois de Karena apresentar o problema do hamster e do menino, ela não foi trabalhar para ficar em casa com Tanya, que estava com a garganta inflamada e dor de ouvido. Sabendo que a filha sempre gostava das brincadeiras com os fantoches, Karena apanhou Ollie e Tippy para ajudá-la a passar o tempo e a obter mais prática em raciocinar em termos de soluções e conseqüências. A pequena peça montada foi mais ou menos assim:

MÃE: Filhinha, o Ollie e o Tippy estão com um problema e precisam da sua ajuda.
TIPPY: Ollie está usando as minhas tintas para pintar.
OLLIE: Não estou não! Essas tintas são *minhas*.
MÃE: Filha, o Ollie e o Tippy vêem o problema de modo IGUAL ou DIFE-RENTE?
TANYA: De modos diferentes.
MÃE: Isso quer dizer que temos um problema para resolver. Como você está se sentindo, Tippy?
TIPPY: ZANGADO. Eu vou dar um tapa na cara do Ollie se ele não devolver as minhas tintas.
MÃE: Tanya, o que você acha que PODE acontecer SE o Tippy der um tapa na cara do Ollie?
TANYA: Eu acho que ele vai contar para a mãe dele.

MÃE: Isso é uma coisa que PODE acontecer. O que mais você acha que PODE acontecer?

TANYA: Talvez ele chore.

MÃE: (*certificando-se de não se tratar de uma resposta irrelevante*) Quem PODERIA chorar?

TANYA: Ollie.

MÃE: PODE SER que o Ollie chore SE o Tippy bater nele. O que mais PODE acontecer?

TANYA: Ele também pode dar um tapa no Tippy.

MÃE: Essa é outra coisa que PODE acontecer. De que outra maneira o Tippy pode conseguir as tintas do Ollie, sem que o amigo chore ou dê um tapa de volta?

TANYA: Ele poderia emprestar um brinquedo seu em troca das tintas.

MÃE: O que você acha que PODE acontecer SE ele fizer isso?

TANYA: O Ollie TALVEZ diga "tudo bem" e dê algumas tintas para o Tippy.

Nesse teatrinho de fantoches, Karena resolveu dar um passo adiante na idéia de considerar as conseqüências. Ela pediu à filha que levasse em consideração outras soluções quando a primeira pareceu ser indesejável. Este é o objetivo final do método de solução de problemas do ECSP — saber *avaliar* as conseqüências e decidir se uma solução *é* boa ou *não*.

Avaliando as soluções

Alison e Alex contaram à mãe toda a história do problema com o hamster sobre o qual eles tinham conversado na casa de Tanya. Então, alguns dias depois, Marie voltou ao caso do hamster para continuar a praticar a noção de que as soluções têm conseqüências. Ela queria acrescentar a idéia de que muitas vezes as conseqüências fazem uma solução ser boa, enquanto em outros casos fazem com que ela não seja tão boa. Quando as crianças entendem isso, elas se tornam aptas para julgar por si mesmas se devem agir de acordo com a solução que imaginaram. Elas também entenderão, a partir dos jogos de busca de soluções, que, se solução realmente não resolve um problema, sempre poderão pensar em algo diferente. É isso o que eu quero dizer quando garanto que o ECSP ensina as crianças sobre *como* pensar, e não *o que* pensar, para que quando tiverem que resolver um problema real elas possam ser bem-sucedidas.

Marie começou: "Vocês lembram da história do menino que queria dar comida para o hamster, e para isso decidiu empurrar a menina para o lado? Lembram que vocês pensaram que SE o menino empurrasse a menina, ela

PODERIA empurrá-lo de volta, chorar OU contar para a sua mãe sobre o acontecido? Deixe então eu fazer uma pergunta para cada um de vocês dois. Alison, SE empurrar a menina traz essas conseqüências, você acha que essa solução É boa?"

"Não", respondeu Alison.

"Por que não?", continuou a mãe.

"PORQUE não é."

Procurando uma resposta mais exata, a mãe perguntou: "Como você acha que essa menina iria se sentir ao ser empurrada?"

"Provavelmente triste ou zangada."

"Então, empurrar É uma boa idéia ou NÃO É?"

"NÃO É boa idéia."

"Alex, perguntou a mãe, "o que você acha? SE empurrar PODERIA fazer com que a menina empurrasse o menino também, chorasse OU contasse para a mãe dela, você acha que essa é uma boa idéia ou não?"

"Não é uma boa idéia", respondeu Alex.

"Muito bem, se empurrar a menina NÃO É uma boa solução, em que outras idéias DIFERENTES o menino pode pensar para conseguir dar comida para o hamster?"

"Talvez ele pudesse simplesmente pedir para a menina", sugeriu Alex.

"Eu vou anotar isso", disse a mãe. "Agora, vamos imaginar o que PODERIA acontecer a seguir SE ele pedisse para ela. Alison, o que você acha que PODERIA acontecer a seguir?"

"Ela poderia dizer que sim."

"Mas ela PODERIA dizer não!", gritou Alex.

"Está bem", disse a mãe, anotando essa conseqüência na folha de papel. "Estou anotando: 'Ela PODE dizer que sim ou ela PODE dizer que não.' Agora, Alex, você consegue imaginar algo DIFERENTE que PODERIA acontecer SE ele pedisse para a menina?"

"Ela pode concordar em dividir a comida."

"Certo, vamos anotar isso."

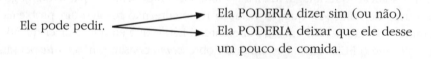

Ele pode pedir. ⟶ Ela PODERIA dizer sim (ou não).
Ela PODERIA deixar que ele desse um pouco de comida.

"Então", disse a mãe apontando para a folha de papel, "SE ele pedisse à menina, ela PODERIA dizer que sim, OU ela PODERIA dizer que não, OU ela PODERIA oferecer-se para dividir a comida do hamster para que cada um desse um pouco. Alex, você acha que perguntar É uma boa solução?"

"Sim."

"POR QUÊ? Isso resolve o problema do menino?", perguntou a mãe.

"Sim, se ela responder que sim."

"O que vocês acham que vai acontecer SE ela responder que não?", perguntou a mãe.

"Eu sei!", adiantou-se Alison. "Ele pode pensar numa solução DIFERENTE."

"Sim, ele pode", concordou a mãe. "Quando o primeiro modo não funcionar, a gente pode tentar de um modo diferente."

Avaliar as soluções pela avaliação de suas conseqüências é uma habilidade especialmente importante para crianças que tendem a resolver os problemas de modo impulsivo, como Alex. O seu modo costumeiro seria pensar numa solução e adotá-la sem outras considerações. O fato de ter praticado essa habilidade de pensar *antes* de fazer qualquer coisa melhorou muito a maneira como ele passou a interagir com as outras pessoas.

Sugestão nº 7: Como lidar com soluções indesejáveis

Quando você dá liberdade às crianças para que elas mesmas escolham as maneiras de resolver os seus próprios problemas, de vez em quando elas proporão soluções das quais talvez você não goste — como empurrar a menina para longe da gaiola do hamster, que à primeira vista pareceu uma solução bastante viável para Alex. Mas não se preocupe: as pesquisas mostram que as crianças, quando aprendem a pensar com o modo do ECSP, é menos provável, com o passar do tempo, que elas *ajam* com o tipo de soluções que realmente não resolve o problema. Ainda assim, Marie pôde ajudar Alex a pensar numa solução cujo impacto sobre as outras pessoas fosse menos negativo quando ela expandiu o diálogo para que o menino pensasse um pouco mais sobre as conseqüências da sua solução.

Do mesmo modo, os seus filhos podem decidir que pegar à força o brinquedo de outra criança é uma boa idéia porque "Assim eu vou conseguir o que eu quero". Caso os seus filhos ofereçam soluções que pareçam inapropriadas ou indesejáveis, você pode fazer com que eles reavaliem as suas idéias fazendo perguntas como as seguintes:

"Como _____ iria se sentir SE você fizesse isso?"

"O que PODERIA acontecer SE você fizesse isso?"

"Como você se sentiria SE isso acontecesse?"

"Existe alguma coisa DIFERENTE que você pode fazer para que isso não aconteça?"

Uso diário em situações problemáticas

Os jogos e as atividades do ECSP ajudam a criança a compreender que soluções diferentes têm conseqüências diferentes. Isso as prepara para as circunstâncias da vida real, quando elas descobrirão em primeira mão se uma solução que elas imaginaram irá realmente resolver o problema.

Digamos, por exemplo, que a sua filha lhe diga que ela acha que pode contar com a amiga para brincar de amarelinha se, em troca, ela se oferecer para acompanhá-la num passeio de bicicleta depois. Se, ao orientar a sua filha a respeito das conseqüências dessa solução, ela achar que se trata de uma boa idéia, incentive-a dizendo: "Vá em frente e tente."

Se a solução funcionar, diga, "Ah, e você pensou em tudo sem precisar de ajuda. Você é uma boa solucionadora de problemas."

Se, no entanto, a solução não funcionar, diga: "Você vai ter de pensar em algo DIFERENTE. Eu sei que você é uma menina inteligente."

Caso a sua filha ofereça uma solução negativa, com algum tipo de ameaça, você poderá perguntar à criança: "O que PODERIA acontecer?", ou "Como ela PODERIA se sentir?" Depois, ajude-a a ver que existe mais de um modo de conseguir o que ela quer.

Veja como Marie ajudou Alison a resolver um problema com Alex usando um diálogo completo:

MÃE: Por que você tirou o creiom do seu irmão?
ALISON: Porque ele nunca me deixa usá-lo.
(Isso identifica o problema.)

MÃE: Como você acha que o Alex se sente quando você pega o creiom dele?
(Ela pede que Alison considere os sentimentos de Alex.)

ALISON: ZANGADO.
MÃE: O que PODE acontecer a seguir?
(Ela pede para Alison considerar as conseqüências do seu ato.)

ALISON: Ele vai me bater.
MÃE: Como você se sentiria se isso acontecesse? *(Alison considera também os seus sentimentos.)*
ALISON: TRISTE e ZANGADA.
MÃE: Tirar o creiom à força é *uma* coisa que você pode fazer para poder brincar com ele. Você consegue pensar num modo DIFERENTE para conseguir o creiom, de modo que o Alex não fique ZANGADO e você não fique TRISTE?

ALISON: Eu posso pedir para ele.
(*Por si mesma, Alison chega a uma solução alternativa para o problema.*)

MÃE: Essa é uma idéia DIFERENTE. O que você acha que PODERIA acontecer SE você pedir a ele?
(*A mãe pede que Alison antecipe as conseqüências da sua nova solução.*)

ALISON: Ele talvez diga sim.
MÃE: Vá até ele e tente.
ALISON: Posso usar o seu creiom azul?
ALEX: Não!
MÃE: Isso não funcionou. Você consegue pensar numa maneira DIFERENTE?
ALISON: Eu poderia dizer, "Eu deixo você usar as minhas canetinhas".
(*Alison pensa numa solução alternativa DIFERENTE.*)

MÃE: O que você acha que PODERIA acontecer SE você fizer isso?
(*A mãe pede que Alison antecipe as conseqüências dessa solução também.*)

ALISON: Dessa vez eu acho que ele vai emprestar.
MÃE: Tente.
ALISON: Alex, se você me deixar usar o creiom azul, eu deixo você brincar com as minhas canetinhas.
ALEX: Está bem.
MÃE: Você pensou em tudo isso sozinha. Você é boa nisso!

Encurtando os diálogos

Esse diálogo não tomou mais tempo do que se Marie repreendesse a filha por ter tirado o creiom do irmão, instruísse Alex a emprestar as suas coisas e então atuasse como mediadora da discussão que provavelmente aconteceria. Além do mais, depois que os seus filhos tiverem desenvolvido o hábito de pensar sobre os sentimentos dos outros e sobre soluções alternativas e suas conseqüências, você poderá normalmente encurtar os seus diálogos ECSP. Como Alison normalmente tem facilidade para solucionar problemas, é provável que Marie tivesse ajudado a filha a resolver o problema no exemplo acima simplesmente perguntando: "Você consegue pensar num modo DIFERENTE para resolver o seu problema?"

Mesmo crianças mais impulsivas na hora de resolver problemas, como Alex, vão responder positivamente ao diálogo curto do ECSP, depois de terem passado um período de tempo suficiente praticando as habilidades para entender todo o conceito. Certo dia, quando Alex queria que a mãe o deixasse brincar com o videogame um pouco antes do jantar, a mãe conseguiu evitar uma cena de choradeira e manha com uma pergunta simples: "Como você vai se sentir quando eu chamar você no meio do jogo para jantar?"

"FRUSS...TRADO", respondeu Alex, orgulhoso da nova e complicada palavra que aprendera.

Então, a mãe perguntou: "Você consegue pensar em algo DIFERENTE para fazer AGORA, de modo que você não tenha de parar na metade?"

Depois de pensar por alguns segundos — um grande passo para Alex —, ele respondeu: "Eu vou jogar bola lá fora." Nesse exemplo, o diálogo curto do ECSP funcionou a contento.

Desenvolvendo-se com o ECSP

Além dos benefícios que você descobrirá ao usar os diálogos do ECSP para ajudar os seus filhos a pensar sobre as situações reais de problemas, você também poderá observar nas crianças uma mudança mais geral no comportamento deles à medida que praticam essas habilidades de raciocínio. Tanya, Alex e Alison desenvolveram-se de modo notável depois que aprenderem o ECSP.

Tanya, por exemplo, tornou-se não apenas mais autoconfiante e loquaz depois dos jogos do ECSP, mas também aprendeu a se comunicar melhor com as outras crianças. O ECSP não mudou totalmente o comportamento acanhado de Tanya, é claro, porém ela deixou de ser tímida com as outras crianças e de ter medo delas; ele ajudou-a a lidar com os próprios sentimentos e a se relacionar melhor com os outros. No capítulo 5, quando Tanya queria brincar de pular corda com as outras meninas, foi capaz por si mesma de pensar num modo diferente de conseguir o que ela queria ("Se você precisar de outra pessoa para segurar a outra ponta da corda, eu posso fazer isso."). Isso foi um grande avanço para Tanya quanto ao modo de se relacionar com as outras crianças. Em outra oportunidade, a mãe da menina a observava brincar no parque quando outra criança pulou na frente de Tanya na fila para o balanço. Antes do ECSP, ela se afastaria cabisbaixa, sentindo-se ferida e frustrada, e talvez até corresse chorando para a sua mãe. Dessa vez, porém, Tanya pensou numa maneira diferente de reagir. Ela permaneceu ao lado do balanço e disse: "DEPOIS de você se balançar, será a minha vez."

As crianças introvertidas que não conhecem o ECSP costumam fugir de situações de confronto, por não saberem o que dizer ou não saberem como reagir com autoconfiança. Hoje, porém, Tanya é capaz de se expressar, prova irrefutável de que o ECSP está influenciando na maneira como ela responde às situações problemáticas.

Alex, igualmente, apresentou uma melhora impressionante na maneira de agir em relação às outras pessoas. Digno de nota é o modo como ele passou a se importar com os sentimentos do irmão caçula. Numa ocasião em particular, Marie entrou no quarto e encontrou Peter chorando e Alex segurando o cobertor dele. "O que houve?", perguntou Marie.

"Alex pegou o cobertor do Peter", disse Alison.

"Mas me deixe explicar POR QUÊ", pediu Alex.

"Esse modo de responder", Marie me disse mais tarde, "me surpreendeu. Alex sabia que era importante que eu soubesse qual era o problema real. Eu achei que ele tinha tirado o cobertor para fazer Peter chorar, como ele costumava fazer, mas no fim das contas o que ele queria era usar o cobertor para fazer uma tenda para Peter."

"Eu achei que ele iria ficar ALEGRE com a tenda", Alex disse à sua mãe.

"Eu estou muito feliz que o ECSP tenha me ensinado a não correr e começar a ralhar com o Alex por tirar coisas do seu irmão. O meu pequeno encrenqueiro só estava tentando fazer algo agradável, e o ECSP ajudou-nos a compreender isso." Em vez de punir Alex, Marie ajudou-o a entender que Peter chorava porque ele tinha tirado o seu cobertor e, então, o ajudou a pensar num modo de fazer uma tenda sem antes perturbar o seu irmão.

Mesmo com os seus amigos, Alex passou a encontrar maneiras *diferentes*, e menos agressivas, para resolver os problemas. Certo dia na creche, por exemplo, Alex queria que seu colega Richard soltasse o caminhãozinho porque "É a minha vez de brincar". Quando Richard respondeu, "Eu estou brincando com ele", Alex não criou um novo problema batendo ou chutando o colega. Em vez disso, ele pensou numa solução *diferente*. "Se você me deixar usar o caminhão, eu o devolvo rapidinho para você", propôs Alex.

Richard não respondeu.

Alex então perguntou: "Por que eu não posso brincar com ele?"

"Porque eu preciso dele para carregar pedras."

"Eu posso carregar as pedras com você?", perguntou Alex entusiasmado.

"Está bem", respondeu Richard. E os dois meninos brincaram juntos com o caminhão.

Certamente não haviam terminado por completo os dias de socos e pontapés para Alex. Leva tempo para que um novo padrão de raciocínio se torne uma reação automática. Por ora, enquanto completa as "lições" do ECSP, Alex já mostra sinais impressionantes de crescimento. Agora que ele está começando a aprender sobre possíveis soluções alternativas e a pensar sobre as suas conseqüências, ele tem sido mais capaz de resolver os seus problemas de modo eficaz. Essa capacidade ajudou-o a se sentir frustrado com menos freqüência e a se relacionar melhor com a família e com os amigos.

Até mesmo Alison, uma menina por natureza bastante habilidosa na condução de problemas, se beneficiou com o ECSP. O processo de raciocínio do ECSP aumentou e reforçou as suas habilidades naturais. É provável também que, ao aguçar as suas habilidades, o ECSP a tenha ajudado a evitar problemas futuros porque esse estilo de raciocínio é perpetuado. O processo também ajudou a manter Alison no caminho do ECSP ao dar às suas habilidades de raciocínio naturais aceitação e apoio familiar.

Juntando tudo

Não há mais passos a serem acrescentados ao ECSP. Agora você tem tudo de que precisa para usar os diálogos completos do ECSP para ajudar os seus filhos a resolver os seus problemas.

Juntando as peças, um diálogo do ECSP é composto de quatro partes; ele ajuda a criança a:

1. identificar o problema;
2. reconhecer os seus próprios sentimentos e os sentimentos das outras pessoas;
3. pensar em soluções para resolver os seus problemas; e
4. antecipar as conseqüências das soluções.

Volte por um momento para o Capítulo 1. Marie começou o ECSP sentindo-se, talvez como você, insegura a respeito do que era esperado dela, e um pouco desconfortável de ter de repensar a sua inclinação natural de *dizer* aos seus filhos o que fazer — "Pare de tirar as coisas das mãos dos outros!" — ou até mesmo de explicar "Porque desse modo você poderá perder um amigo". Como uma visão geral desse ponto introdutório, eu incluí um exemplo de um diálogo inteiro para ilustrar como Marie iria mais tarde aprender a ajudar Alex com o seu problema de tirar os brinquedos das mãos das outras crianças à força. Levou um bom tempo para Marie tornar-se uma mãe ECSP proficiente. E, a princípio, você deve ter achado o diálogo bastante longo e estruturado. Porém, agora, quando completamos o círculo, você pode ver que ele simplesmente seguia a ordem das quatro etapas dadas acima:

MÃE: Alex, a sua professora me disse que você tirou os brinquedos do coleguinha de novo. Diga-me o que aconteceu.

(*A mãe ajuda o filho a identificar o problema.*)

A consideração das conseqüências • 117

ALEX: Jonathan pegou os meus ímãs, e ele não queria devolvê-los.

MÃE: Por que você queria os ímãs de volta tão cedo?

ALEX: Porque ele estava com eles há muito tempo.

MÃE: Como você acha que o Jonathan se sentiu quando você pegou os ímãs desse jeito?

(A mãe ajuda o filho a pensar sobre os sentimentos da outra criança.)

ALEX: Zangado, mas eu não me importo; eles são meus.

MÃE: O que Jonathan fez quando você pegou o brinquedo?

(A mãe ajuda o filho a pensar sobre as conseqüências do seu ato.)

ALEX: Ele me bateu.

MÃE: E como isso o fez sentir-se?

(A mãe ajuda o filho a pensar também sobre os seus sentimentos.)

ALEX: Zangado.

MÃE: Você está ZANGADO E seu amigo está ZANGADO, e ele bateu em você. Você consegue pensar numa maneira DIFERENTE de conseguir os brinquedos de volta sem que vocês dois fiquem ZANGADOS e de modo que o Jonathan não bata em você?

ALEX: Eu poderia pedir para ele.

MÃE: E o que PODERIA acontecer?

(A mãe orienta o filho a pensar também nas conseqüências das soluções positivas.)

ALEX: Ele diria não.

MÃE: TALVEZ ele dissesse não. Em que mais você poderia pensar para conseguir os brinquedos de volta?

(Ao se manter concentrada no problema do filho, a mãe o incentiva a pensar em mais soluções.)

ALEX: Eu poderia deixá-lo brincar com os meus carrinhos.

MÃE: Bem pensado. Você pensou em dois modos DIFERENTES.

Esse diálogo "longo" ilustra cada uma das etapas do raciocínio do ECSP, e mesmo assim ele não dura mais do que um minuto — e pode ser encurtado sem que perca a eficácia. Depois que Alex se familiarizou com as quatro etapas do diálogo, sua mãe pôde usar versões mais curtas que o induzissem a redirecionar o seu modo de pensar sobre um problema. A respeito do problema de tirar brinquedos das mãos dos outros, ela poderia dizer simplesmente, "Alex, você consegue imaginar uma maneira DIFERENTE de conseguir brincar com eles sem que você fique ZANGADO e sem que Jonathan bata em você?" Por si mesma, esse tipo de pergunta é muitas vezes suficiente para que Alex medite um pouco sobre os sentimentos envolvidos no problema, sobre soluções alternativas e suas conseqüências.

Nos dois casos, longo ou curto, a mãe de Alex não tentou resolver o problema da maneira "correta", segundo o seu ponto de vista. Ela também não mandou o filho compartilhar (algo que, de acordo com a ótica do menino, ele tinha feito), muito menos explicou o motivo pelo qual não se deve tirar algo da outra pessoa. As perguntas feitas por Marie ajudaram Alex a pensar sobre o problema, sobre os seus sentimentos e os das outras pessoas, sobre as conseqüências dos seus atos e sobre o que mais ele poderia fazer. Esse é o raciocínio ECSP.

Como Alex, os seus filhos têm agora os instrumentos de que eles precisam para refletir sobre qualquer problema que surgir em relação a outras pessoas. Com o ECSP, nunca é dito *o que* eles devem pensar, mas eles sabem *como* pensar — e quando eles depararem problemas ao longo de suas vidas, isso é o que realmente importa.

◆ ◆ ◆

Quando você tiver completado os jogos, as atividades e os teatrinhos de fantoches detalhados na Parte I do livro, você e o ECSP terão aberto uma porta para uma vida mais feliz e socialmente mais gratificante. Não deixe, entretanto, que os seus filhos fiquem parados no vão de entrada. Agora é hora de estabelecer o *hábito* de usar essas técnicas. A cada dia, diante de cada novo problema, lembre-se do ECSP. Você pode usá-lo com os problemas dos personagens de uma história infantil, dos personagens da TV e das pessoas reais do noticiário, dos seus vizinhos e, certamente, também da sua própria casa. O ECSP pode se tornar um modo de pensar que será útil para os seus filhos por toda a vida.

A Parte II deste livro foi incluída como um recurso para o uso permanente do ECSP ao longo dos próximos anos. Nela estão listados, numa simples forma de referência, os jogos e atividades que dão apoio às habilidades para solucionar os problemas interpessoais de cognição. Depois, você encontrará exemplos de diálogos que ajudarão você a refrescar a memória rapidamente sem que tenha de reler capítulos inteiros.

PARTE II

Juntando as peças

7

Jogos e atividades do ECSP

Ao longo da Parte I do livro, você pôde ver que Alex, Alison e Tanya se divertiram com diversos jogos e atividades do ECSP. É provável que você tenha usado os exemplos do livro como inspiração para ensinar as técnicas do ECSP aos seus filhos. Porém, como em qualquer processo de aprendizado, completá-lo uma única vez é somente o início. As habilidades precisam ser praticadas várias vezes antes que possam ser usadas com proficiência e sem que seja necessário instigá-las.

Os jogos a seguir estão listados aqui para dar a você mais idéias para praticar o ECSP. Eles sugerem modos de falar com seus filhos que reforçam a compreensão das palavras e dos sentimentos envolvidos na solução de problemas. Eles também o ajudarão a lembrar que quando vocês estão fazendo uma refeição, ou no carro a caminho de algum lugar, ou até mesmo quando você os está ajudando com a lição de casa, você tem uma oportunidade de praticar as habilidades ECSP.

Porém, lembre-se de que eles são apenas sugestões. Estes são somente alguns dos muitos modos em que você pode brincar com os jogos de palavras ECSP. Na verdade, como os momentos propícios para a prática do ECSP surgem tão freqüentemente durante o dia, você talvez queira deixar à mão um caderninho para anotar idéias e registrar os momentos em que uma atividade ECSP funcionou especialmente bem para você. Isso servirá como uma útil fonte de referência no decorrer dos anos, quando ocasionalmente você voltar a este capítulo para reavivar a memória.

Em quaisquer jogos que você praticar, lembre-se de usar apenas os conceitos que os seus filhos conhecem. Se o seu filho de 4 anos de idade, por exemplo, ainda não sabe distinguir entre os sentimentos de *orgulho* e *frustração*, não use essas palavras nos jogos. Você pode usar as minhas sugestões para adaptar as atividades ao nível do seu filho.

Brincando com palavras a qualquer hora do dia

É/Não é

"_____ É um jogador de futebol (vôlei, basquete). Ele NÃO É jogador de _____."

"Hoje É terça-feira. Hoje NÃO É _____."

Ou/E

"Hoje o dia está quente E _____."

"Você pode desenhar com canetinha OU _____."

Alguns/Todos

"As crianças estão TODAS aqui, ou só ALGUMAS?"

"Você guardou TODOS os seus brinquedos ou só ALGUNS?"

Igual(Mesma)/Diferente

"A moeda de 1 Real é IGUAL à moeda de 50 centavos ou DIFERENTE dela?"

"Você gosta de comer a MESMA comida que os seus amigos comem ou comidas DIFERENTES?"

Talvez/Pode

"Você deve levar um guarda-chuva, se acha que PODERÁ _____."

Antes/Depois

"Você nasceu ANTES ou DEPOIS da vovó?"

"Você deve calçar as meias ANTES ou DEPOIS de calçar os sapatos?"

Se/Então

"SE nós estamos sentados, ENTÃO nós NÃO estamos _____."

"SE você está brincando com argila, ENTÃO você NÃO está _____."

Por que/Porque

"Hoje o dia está bom para nadar. Você sabe POR QUÊ?"

"Você consegue terminar a frase a seguir? Hoje eu tenho de usar um casaco PORQUE _____."

Justo/Injusto

"Hoje aconteceu alguma coisa na escola que foi INJUSTA?"

Considerando os sentimentos

"O que faz a sua mãe (seu pai, irmão, irmã, etc.) se sentir ALEGRE? TRISTE? ZANGADA? ORGULHOSA? FRUSTRADA?"

"O que você faz que faz com que a sua mãe (seu pai, irmão, irmã, etc.) se sinta ALEGRE? TRISTE? ZANGADA? ORGULHOSA? FRUSTRADA?"

"Diga qual foi a última vez que você se sentiu ALEGRE, TRISTE, ZAN-GADO, ORGULHOSO, FRUSTRADO."

"Quando você terminar este projeto, você vai se sentir ALEGRE? TRISTE? ZANGADO? ORGULHOSO? FRUSTRADO?"

"Como você se sente quando o seu time ganha o jogo?"

"O que aconteceu hoje que fez com que você se sentisse ALEGRE? TRISTE? ZANGADO? ORGULHOSO? FRUSTRADO?"

"Como você pode dizer quando o seu bichinho de estimação está ALEGRE? TRISTE? ZANGADO?"

"Pode ser muito difícil amarrar o cordão dos sapatos. Você se sente ALEGRE ou FRUSTRADO quando não consegue?"

Brincando com palavras na hora de dormir

É/Não é

"Agora É hora de ir para a cama. NÃO É hora de _____."

E/Ou

"Quando você for se deitar, você quer que eu deixe a porta aberta OU fechada?"

"Quando você for dormir, apague a luz E abra (feche) a porta."

Alguns/Todos

"Você quer dormir com TODAS as suas bonecas, ou só com ALGUMAS?"

Antes/Depois

"Você escova os dentes ANTES ou DEPOIS de ir para a cama?"

Se/Então/Talvez

"SE você for dormir tarde, ENTÃO o que PODE acontecer na manhã seguinte?"

"SE você não se cobrir, ENTÃO o que PODE acontecer?"

Agora/Mais tarde

"O que PODE acontecer se você NÃO for para a cama AGORA?"

"É uma boa idéia ir para a cama AGORA ou MAIS TARDE?"

Por que/Porque

"Você sabe POR QUE nós temos de dormir todas as noites?"

Justo/Injusto

"POR QUE você acha que é INJUSTO o seu irmão poder ir dormir mais tarde do que você?"

Considerando os sentimentos

"Como você se sente quando é hora de dormir?"

"Como você se sente quando é hora de acordar de manhã?"

Brincando com palavras na hora da lição de casa

Muitas vezes, você pode usar as palavras do ECSP quando fala com os seus filhos sobre as lições de casa. Além disso, nas primeiras séries, muitas vezes as crianças trazem para casa seus trabalhos escolares com letras, cores e formas. Quando os estiver ajudando com essas tarefas, você pode reforçar a lição usando as palavras do vocabulário do ECSP. Os exemplos a seguir lhe darão algumas idéias de como relacionar a lição de casa com o ECSP.

É/Não é

"Esta É a letra *A*. Ela Não É a letra (*a criança responde*)."

"Isto É um círculo. Isto Não É um (*a criança responde*)."

E/Ou

"Esta é a letra *A* OU a letra *B*?"

"Este é o exercício de português OU de matemática?"

"Você tem dois exercícios para fazer esta noite. O de leitura E o de _____ _____."

Alguns/Todos

"Mostre-me TODOS os círculos."

"Mostre-me ALGUNS quadrados desta página, mas não TODOS."

Igual/Diferente

"Mostre-me dois círculos de cores DIFERENTES."

"Mostre-me dois círculos de cores IGUAIS E um círculo de uma cor DIFE-RENTE."

Antes/Depois

"A letra *B* vem ANTES ou DEPOIS da letra *C*?"

"O número *5* vem ANTES ou DEPOIS do número *2*?"

Se/Então/Pode

"SE hoje você fizer a lição bem-feita, ENTÃO o que PODERÁ acontecer na escola amanhã?"

"SE você estudar as palavras, ENTÃO como você PODERÁ se sair na prova?"

Por que/Porque

"É importante fazer a lição PORQUE _____."

"POR QUE você acha que a professora pede para você fazer lição de casa?"

Justo/Injusto

"Seria JUSTO que você copiasse a lição de casa do seu colega?"

Considerando os sentimentos

"Como você se sente quando faz a lição de casa?"

126 • *Ensinando seus filhos a pensar*

"Se hoje você não fizer esta lição de casa, como você acha que se sentirá amanhã quando a professora pedir para vê-la?"

"A professora deu uma nota (*alta ou baixa*) para a sua lição de casa. Como você se sente? (*Caso necessário:* ORGULHOSO? Ou FRUSTRADO?)"

"Eu sei que você está tentando resolver este problema de matemática e está achando difícil; como isso faz você se sentir? (*Caso necessário:* ORGULHOSO? ou FRUSTRADO?)"

Brincando com palavras na hora das refeições

É/Não é

Isto É uma *pizza*. Isto NÃO É _____."

E/Ou

"Isto é uma *pizza* OU um ovo?"

"A pizza é feita de massa, molho de tomate E _____."

Alguns/Todos

"Você comeu ALGUNS pedaços de *pizza* ou TODA ela?"

Igual(Mesma)/Diferente

"Mostre-me alguma coisa que seja da MESMA cor da *pizza*."

"Mostre-me alguma coisa aqui na mesa que tenha uma forma DIFERENTE da forma da *pizza*."

Talvez/Pode ser

"O que PODE acontecer SE você comer TODA a *pizza* sozinho?"

Antes/Depois

"Você come a *pizza* ANTES ou DEPOIS de ir para a cama?"

Agora/Mais tarde

"Você quer um pedaço de *pizza* AGORA ou MAIS TARDE?"

Se/Então

"SE isto é uma *pizza*, ENTÃO isto não é _____."

"SE você encher o seu copo de refrigerante, ENTÃO você não pode enchê-lo de _____."

Por que/Porque

"Você não deve comer uma *pizza* inteira PORQUE _____."

"Nós não podemos comer *pizza* todas as noites PORQUE _____."

Justo/Injusto

"Seria JUSTO ou INJUSTO se eu comesse dois pedaços de *pizza* e só deixasse um para você?"

"Seria JUSTO eu comer TODA a *pizza* sem deixar nenhum pedaço para o papai?"

Considerando os sentimentos

"Você se sentiria ALEGRE se comesse um pedaço grande de pizza OU só um pedacinho?"

"Quem não se sentiria ALEGRE com uma fatia grande de *pizza*?"

"TODOS NÓS gostamos de *pizza*, OU será que ALGUNS de nós têm um sentimento DIFERENTE a esse respeito?"

Brincando com palavras no supermercado

É/Não é

"Isto É um supermercado. Isto NÃO É um _____."

"Esta fruta É vermelha?"

"Qual destes legumes NÃO É cenoura?"

E/Ou

"Você quer bolacha doce OU salgada?"

"Para fazer um sanduíche de presunto, nós precisamos de presunto, manteiga E_____."

Igual(Mesma)/Diferente

"Mamão-papaia e mamão-formosa são dois tipos de mamão. Eles são IGUAIS ou DIFERENTES?"

"Você quer comprar o MESMO tipo de cereal da vez passada, ou de um tipo DIFERENTE?"

(Você pode dar ao seu filho um cartão com a fotografia de um alimento. Ao chegar à seção desse tipo de alimento, faça a seguinte pergunta): "Mostre-me o alimento que pareça ser o MESMO deste da fotografia."

Alguns/Todos

"Todos estes melões são do MESMO tamanho OU de tamanhos DIFEREN-TES?"

Antes/Depois

"Você paga as suas compras ANTES ou DEPOIS de tirar os produtos das prateleiras?"

"Você sabe de onde veio o feijão ANTES de ele chegar ao supermercado?"

Agora/Mais tarde

"Devemos abrir este pacote de macarrão AGORA ou esperar até MAIS TARDE?"

"O que PODERIA acontecer SE nós o abríssemos AGORA?"

Se/Então

"SE não comprarmos comida, ENTÃO o que PODERIA acontecer?"

"SE eu comprasse só salgadinhos e bolachas e não comida verdadeira para o jantar, ENTÃO o que PODERIA acontecer?"

Por que/Porque

"Você sabe POR QUE o sorvete deve ficar no congelador?"

"Estou colocando as maçãs na sacola plástica PORQUE _____."

Justo/Injusto

"Você acha que seria JUSTO comprar um doce especial para você e não comprar nenhum para o seu irmão?"

Considerando os sentimentos

"Há algum tipo de comida que FAZ você sentir-se ALEGRE?"

"Há algum tipo de comida que faz você sentir-se de um modo DIFE-RENTE?"

"Como você acha que o fazendeiro se sentiu quando colheu estes lindos pêssegos? ORGULHOSO ou FRUSTRADO?"

Brincando com palavras ao contar histórias

Você pode brincar com vários jogos de palavras ao apontar para as ilustrações de um livro de história e fazer perguntas como as seguintes, que se referem à história clássica "Chapeuzinho Vermelho".

É/Não é

"Ela É uma menina. Ela NÃO É um _____."

"A menina ESTÁ usando uma capinha vermelha. Ela NÃO está usando _____."

Alguns/Todos

"TODOS os personagens desta história são meninas, ou ALGUNS são meninos?"

Igual(Mesmo)/Diferente

"Vocês acham que a avó da Chapeuzinho Vermelho estava com a MESMA aparência de sempre ou estava DIFERENTE quando Chapeuzinho chegou à casa dela?"

Talvez/Pode

"O que PODE acontecer a seguir?"

Antes/Depois

"O lobo mau engoliu a vovó ANTES ou DEPOIS que a Chapeuzinho Vermelho chegou?"

Agora/Mais tarde

"Vocês querem que eu termine esta história AGORA ou MAIS TARDE?"

Se/Então

"SE a Chapeuzinho Vermelho tivesse escutado a sua mãe, ENTÃO o que PODERIA ter acontecido?"

"SE a Chapeuzinho Vermelho não tivesse conversado com o Lobo na floresta, ENTÃO o que PODERIA NÃO ter acontecido?"

Por que/Porque

"A Chapeuzinho Vermelho ficou surpresa e intrigada quando viu a vovó PORQUE _____."

"Você sabe me dizer POR QUE a Chapeuzinho NÃO deveria ter conversado com o Lobo?"

Justo/Injusto

"Você acha que foi JUSTO o Lobo ter enganado a Chapeuzinho Vermelho?"

Considerando os sentimentos

Quando estiver lendo uma história infantil para os seus filhos, faça uma pausa nas partes apropriadas e faça a eles perguntas como as seguintes:

"Como vocês acham que este personagem se sentiu quando _____ _____ (*descreva o acontecimento*)?"

"POR QUE vocês acham que ele/ela se sentiu assim?"

"Vocês teriam sentido do MESMO modo OU de um modo DIFERENTE?"

"POR QUE vocês se sentiriam desse modo?"

"Que outras coisas DIFERENTES fariam com que vocês se sentissem do mesmo modo?"

"Como vocês acham que outra pessoa na história poderia fazer a menininha ficar ALEGRE de novo?"

Pensando sobre soluções e conseqüências

Como as histórias sempre envolvem conflitos pessoais, elas podem ser usadas para praticar o raciocínio sobre soluções e conseqüências. Você pode usar as habilidades de raciocínio do ECSP enquanto lê a história, ao parar de vez em quando e fazer perguntas como as seguintes:

"Vocês acham que a solução da menina para o problema foi boa? POR QUÊ? Ou POR QUE não?"

"Vocês conseguem pensar num modo DIFERENTE que a princesa PODERIA ter usado para resolver esse problema?"

"O que PODERIA ter acontecido SE ela tivesse usado a solução de vocês?"

"De que outro modo a história PODERIA ter terminado?"

Brincando com palavras durante uma viagem de carro

É/Não é

"Nós estamos viajando de carro. Nós NÃO estamos viajando de _____ _____."

"Quando estamos viajando de carro, podemos olhar pela janela, mas NÃO podemos _____."

E/Ou

"Você pode sentar-se no banco da frente OU no banco de trás."

"Quando entra no carro, você deve fazer duas coisas: trancar a porta E _____ (*prender o cinto de segurança*)."

Algum/Todos

"Vocês acham que devemos colocar apenas ALGUNS pacotes no porta-malas ou TODOS?"

"Será que TODOS os seus amigos vão caber no nosso carro, ou somente ALGUNS deles?"

"Vocês acham que TODOS os carros são bonitos, ou só ALGUNS?"

Igual(Mesmo)/Diferente

"O seu amigo tem o MESMO tipo de carro que o nosso, ou um tipo DIFERENTE?"

"A cor de dentro do carro é IGUAL ou DIFERENTE da cor de fora?"

"O nosso carro é IGUAL a um ônibus ou é DIFERENTE?"

Antes/Depois

"Você deve afivelar o cinto de segurança ANTES ou DEPOIS de eu dar a partida no motor?"

Agora/Mais tarde

"Estou quase sem gasolina. Vocês acham que eu devo encher o tanque AGORA ou MAIS TARDE?"

"Vocês querem parar para almoçar AGORA ou MAIS TARDE?"

Se/Então/Pode

"SE você não usar o cinto de segurança, o que PODE acontecer?"

"SE você colocar o braço para fora da janela, ENTÃO o que PODE acontecer?"

Por que/Porque

"Vocês sabem POR QUE eu não posso passar pelo sinal vermelho?"

"Você sabe POR QUE os automóveis precisam de gasolina?"

Justo/Injusto

"Na última vez foi você que se sentou no banco da frente. É JUSTO que a sua irmã sente-se de novo no banco de trás?"

Considerando os sentimentos

"Você fica mais ALEGRE quando vai à escola a pé, ou quando consegue uma carona?"

"Como você se sente quando o ônibus da escola atrasa?"

Brincando com palavras enquanto assiste à TV

É/Não é

"Nós ESTAMOS assistindo a um desenho animado. NÃO estamos assistindo a _____."

"Você acha que a idéia que o menino está dando É boa ou NÃO É boa?"

E/Ou

"Você quer assistir ao (*nome do programa*) OU ao (*nome de outro programa*)?"

Alguns/Todos

"Você acha que TODOS os personagens desse programa são engraçados, ou somente ALGUNS?"

"Você acha que TODOS os seus amigos assistem a este programa, ou apenas ALGUNS deles o assistem?"

Mesmo/Diferente

"Você não pode assistir ao (*nome do programa*) E ao (*nome do programa*) ao MESMO tempo."

"Esses personagens vêem o problema do MESMO modo ou de modo DIFERENTE?"

Pode/Talvez

"O que você acha que PODE acontecer a seguir?"

Antes/Depois

"Vocês querem que eu desligue a televisão ANTES ou DEPOIS que o programa termine?"

"Vocês querem o lanche ANTES ou DEPOIS do intervalo comercial?"

Se/Então/Agora/Mais tarde

"Se você assistir à televisão AGORA, ENTÃO você não vai poder assisti-la _____ (*caso necessário*, AGORA? MAIS TARDE?)"

Por que/Porque

"Você sabe POR QUE este personagem está rindo?"

"Você consegue terminar a frase? Esse homem está arrumando a casa PORQUE _____."

Justo/Injusto

"Você acha que isso que acabou de acontecer no programa foi JUSTO ou INJUSTO?"

"POR QUE você acha isso?"

(*Se INJUSTO*): "O que deveria ter acontecido para que fosse JUSTO?"

Considerando os sentimentos

"Como este personagem se sente?"

"POR QUE ele se sente assim?"

"Você se sentiria da MESMA maneira ou de maneira DIFERENTE?"

Pensando sobre soluções e conseqüências

"Qual é o problema nesta história?"

"O problema provavelmente aconteceu PORQUE _____."

"Como esse personagem se sentiu quando _____ (*descreva o que aconteceu*)."

"O que esse personagem disse ou fez para resolver o problema?"

"Alguém mais tentou resolver o problema?"

"O que aconteceu DEPOIS que o personagem tentou resolver o problema?"

"A solução foi tentada numa HORA BOA ou numa HORA NÃO BOA?"

"A solução foi uma boa idéia ou NÃO foi uma boa idéia?"

"Você consegue imaginar um modo DIFERENTE de resolver esse problema?"

Jogos e atividades sobre a solução de problemas

Você pode incluir facilmente as atividades sugeridas acima à sua rotina diária. Porém, você pode também usar jogos para ajudar os seus filhos a continuarem a pensar sobre problemas e como resolvê-los. A seguir, estão algumas idéias das quais, no decorrer dos anos, eu observei que as crianças gostam. Lembre-se que você mesmo pode criar jogos, como também pedir que seus próprios filhos criem alguns.

Jogo da Memória

As crianças amam o jogo da memória — ele é divertido, competitivo e um modo maravilhoso de praticar o raciocínio ECSP. Para jogá-lo com seus filhos, você vai precisar fazer duas cópias de cada uma das ilustrações das páginas 136-137 e depois recortá-las como se fossem cartas de baralho. Como nos jogos de memória comerciais (lembra-se de Concentração?), misture as cartas e coloque-as com as frentes para baixo. Você está pronto para começar.

Peça para o seu filho virar duas cartas para cima. Se elas não forem iguais, diga para guardá-las na memória, assim como a sua localização na mesa, e depois peça que as coloque com a frente para baixo novamente. Se as cartas forem iguais, a criança pode ficar com elas *se* conseguir responder a quatro perguntas:

1. "Qual é o problema?"
2. "Como a pessoa na ilustração se sente a respeito do problema?"
3. "Qual seria uma possível solução para o problema?"
4. "O que PODE acontecer se a pessoa na figura realmente falar (ou fizer) isso?"

Quando todas as cartas tiverem sido viradas, o jogador que tiver o maior número de pares de cartas iguais terá vencido o jogo.

Existem vários modos em que você pode variar as regras do jogo da memória. Você pode estabelecer a regra de que, quando duas cartas casarem, a criança só poderá mantê-las se imaginar duas soluções e duas conseqüências. Ou talvez você queira pedir que a criança pense numa solução e três possíveis conseqüências. Ou poderá até mesmo usar o jogo para revisar apenas a descoberta de solução, pedindo à criança para pensar em três possíveis soluções.

Seja qual for o modo de jogar, você verá que se trata de uma maneira muito divertida de praticar as habilidades do ECSP.

Histórias com fantoches

Os enredos do teatrinho de fantoches descritos em cada um dos capítulos podem ser repetidos e modificados indefinidamente, para horas de divertimento e aprendizado. Se o seu filho tem fantoches, bonecos ou animais de pelúcia, ou até mesmo apenas um par de meias, você tem tudo o que é necessário para praticar o ECSP.

Dependendo da disposição e do interesse do seu filho, você pode segurar ambos os fantoches, ou, então, você segura um e o seu filho o outro. À medida que o seu filho for se tornando mais confiante nas habilidades do ECSP, ele talvez queira segurar os dois bonecos e representar uma pequena "peça" para entreter você.

Quando vocês brincarem, faça com que os fantoches tenham um problema para ser resolvido. Você pode fazer de conta, por exemplo, que um dos bonecos quer brincar ao ar livre, enquanto o outro prefere brincar dentro de casa. Oriente o seu filho ao longo das quatro etapas do diálogo do ECSP, perguntando aos bonecos:

1. "Qual é o problema?"
2. "Como você se sente a respeito do problema?"
3. "Como você pode resolver o problema?"
4. "O que PODE acontecer se você tentar essa solução?"

Peças teatrais

Muitas crianças adoram montar peças de teatro. Elas se vestem e desempenham pequenos esquetes para a família e os amigos. Se os seus filhos gostam desse gênero de divertimento, você pode orientá-los a representar situações problemáticas. Eles podem, por exemplo, fazer de conta que estão num parque de diversões e que uma criança não quer sair do escorregador. Pergunte para os seus filhos o que eles podem fazer, ou dizer, para conseguir brincar no escorregador. Depois, deixe-os encenar o problema e suas soluções.

Pintura na parede

Muitas crianças que conheci inventaram um jogo a partir das ilustrações do ECSP contidas neste livro. Os pais delas copiaram essas ilustrações e as afixaram na parede. Então, de vez em quando, as crianças criam novas situações de conflito que correspondem às ilustrações e contam uma historia sobre o está acontecendo, sobre como o problema pode ser resolvido e o que pode acontecer se essas soluções forem usadas. Este jogo é um modo agradável de lembrar visualmente aos filhos a pensar sobre o ECSP.

Um Livro ECSP (para problemas reais)

Um Livro ECSP é como um diário para crianças pequenas. Para começar um Livro ECSP, dê aos seus filhos cadernos de qualquer tipo nos quais eles possam fazer desenhos para registrar seus problemas e sentimentos. Incentive-os, por exemplo, a desenharem um rosto que mostra como eles se sentem a respeito de determinado problema. A seguir, peça que eles façam um desenho deles mesmos resolvendo esse problema, e depois lhes diga para desenhar um rosto que mostre como eles se sentirão se a solução que eles escolheram resolver o problema. Se os seus filhos quiserem, eles poderão ditar para você os problemas e as soluções. Depois que você escrever a história no Livro ECSP deles, eles podem ilustrá-la. Mais tarde, os seus filhos irão adorar escutar você ler as histórias sobre os problemas que eles tiveram e sobre como eles foram resolvidos. Essas atividades de desenhar, escrever essas histórias e depois lê-las, ajudam as crianças a exercitar a prática de pensar sobre problemas, sentimentos, soluções e conseqüências.

8

Exemplos de diálogos do ECSP

Este capítulo não é uma receita, com porções e medidas exatas, para criar os seus filhos. Eu não espero que você leia e memorize cada diálogo, e certamente não quero que você pense que eles representam a única maneira de usar o ECSP para ajudar os seus filhos numa determinada situação. A melhor maneira de dialogar ao modo ECSP com os seus filhos é usando o seu estilo e modo de falar com as crianças, não mediante o uso de um roteiro memorizado.

Os diálogos serão mais úteis se você usá-los como um guia prático de referência. Digamos, por exemplo, que você se pegue voltando aos hábitos antigos — como se irritar com as pirraças e as discussões entre os seus filhos e, então, gritar com eles. Em vez de ler o livro inteiro para "voltar aos caminhos" do ECSP, uma rápida passada por este capítulo irá lembrar a você como falar sobre o problema no modo ECSP. Para tornar isso ainda mais fácil, se o seu filho tem um problema persistente e você sente que não está havendo nenhum progresso — digamos pegar à força os brinquedos de outras crianças —, você pode procurar "Pegar à força" neste capítulo (olhando na lista da página 162) e refrescar a sua memória sobre as perguntas que você quer fazer ao seu filho nessa circunstância. Da próxima vez que ele tirar o brinquedo de alguém, você vai estar pronto para usar o ECSP imediatamente.

É bom, portanto, colocar um marcador de página neste capítulo. Se você precisar de um lembrete rápido ou de uma consulta a um problema específico, é aqui que você deve fazer a revisão sobre a técnica de criar um verdadeiro pensador ECSP.

Problemas criança-criança

São aqueles que acontecem entre uma criança e os amigos dela. Enquanto os seus filhos aprendem e exercitam o ECSP, o seu papel é o de estar atento quando esse tipo de problema acontecer, para fazer perguntas às crianças que as levem a usar o raciocínio ECSP.

Antes de aplicarmos o ECSP a um problema típico entre crianças — uma bater na outra —, vamos ver algumas das muitas reações que sabemos que os pais têm tido ao longo dos anos. À medida que você for lendo essas conversas *não*-ECSP, observe se qualquer uma delas lhe parece familiar. Elas mostram os vários modos em que os pais normalmente lidam com o problema.

Conversas não-ICSP sobre agressão física

CRIANÇA: Bobby me bateu.
PAI: Quando ele bateu em você?
CRIANÇA: Na escola.
PAI: Amanhã eu vou falar com a professora sobre isso.

> *(Nessa conversa, o pai resolve o problema.*
> *A criança não está absolutamente envolvida*
> *no que diz respeito a pensar sobre o problema.)*

Nas duas conversas abaixo, duas mães dão a seus filhos conselhos diferentes sobre o problema da agressão física, mas ambas usam a mesma abordagem.

CRIANÇA: Hoje a Amy me bateu.
MÃE: Bata nela também.
CRIANÇA: Ela me daria um soco no nariz.
MÃE: Toda vez que ela bater em você, bata nela. Você não deve ser tão tímida.
CRIANÇA: Mas eu tenho medo.
MÃE: Se você não aprende a se defender, as crianças vão continuar a bater em você.
CRIANÇA: Está bem.

CRIANÇA: O Danny me jogou no chão.
MÃE: E o que você fez?
CRIANÇA: Eu bati nele também.
MÃE: Você não deveria ter batido de volta. Não é bonito bater. Você pode acabar machucando alguém. É melhor contar para a professora.

CRIANÇA: Ele vai me chamar de fofoqueiro.

MÃE: Se você não contar para a professora, ele vai continuar batendo em você.

CRIANÇA: Está bem.

*(Essas mães ignoraram completamente
o ponto de vista dos filhos, imaginando elas próprias
as conseqüências. Uma das mães disse o que
a filha deveria fazer; a outra, o que o filho não deveria.
Nenhuma das crianças, porém, foi incentivada
a pensar e a decidir por si mesma.)*

Quando você diz para uma criança como ela deve resolver um problema, não importa se o conselho é acompanhado de explicações ou não, você perde a oportunidade de estimulá-la a oferecer as suas próprias soluções. Se você insistir que uma das soluções é a mais adequada, como nos exemplos acima, a criança será ativamente desestimulada a pensar sobre o que fazer, tendo apenas que se preocupar sobre como fazer o que você sugeriu. Com as melhores intenções, esses pais ignoraram a percepção infantil dos problemas, nunca descobrindo, antes de mais nada, o motivo pelos quais os filhos apanharam.

Às vezes os pais descobrem por que uma criança apanhou na escola, mas ainda assim a única preocupação deles é com o que acham que o filho deve fazer. Por exemplo:

MÃE: Por que ele bateu em você?

FILHO: Eu não sei.

MÃE: Você bateu nele antes, tirou os seus brinquedos, ou o quê?

FILHO: Eu peguei o livro dele.

MÃE: Você acha que pode tirar as coisas dos outros?

FILHO: Não.

MÃE: O que você deve fazer quando quer algo?

FILHO: Devo pedir.

MÃE: Sim, você deve pedir. Está errado tomar o livro de alguém. Foi por isso que ele bateu em você.

*(Essa mãe ainda continua a impor a sua própria solução,
em vez tentar fazer com que o filho sugira uma.)*

Alguns pais incluem em suas conversas com os filhos os sentimentos da outra pessoa. Porém, simplesmente dizer à criança como as pessoas se sentem não a estimula a pensar mais sobre isso.

PAI: Por que a Trisha bateu em você?

FILHA: Porque a amiga dela mandou.

PAI: Isso deve ter deixado você furiosa.

FILHA: Sim. Eu vou jogar areia no rosto dela.

PAI: Se você fizer isso, ela vai ficar furiosa, e você vai ter armado a maior confusão. Mostre para ela que você já é bem crescidinha e a ignore.

(Este pai fala sobre os sentimentos,
mas está mais interessado em ensinar a filha a não bater.)

Em todos esses casos, os conselhos podem diferir, porém a abordagem é a mesma: o pai faz todo o raciocínio pelo filho. Com o ECSP, é diferente; o pai ECSP orienta o filho a pensar sobre o problema.

Um diálogo ECSP sobre agressão física

Veja agora esse diálogo completo do ECSP sobre agressão física. Para lembrar a você do objetivo de algumas das perguntas, eu ressalto o processo ECSP à medida que ele aparece.

MÃE: Terry, quem bateu em você?

FILHA: A Natalie.

MÃE: O que aconteceu? Por que ela bateu em você?

(A mãe procura saber o ponto de vista da filha sobre o problema.)

FILHA: Ela simplesmente me bateu.

MÃE: Você quer dizer que ela simplesmente bateu em você sem nenhum motivo?

(A mãe estimula a filha a pensar nas causas.)

FILHA: Ah... eu bati nela primeiro.

MÃE: Por quê?

FILHA: Ela não queria me deixar olhar o seu livro.

MÃE: Como a Natalie se sentiu quando você bateu nela?

(A mãe orienta a filha para que reflita sobre o sentimento dos outros.)

FILHA: Zangada.

MÃE: Você sabe POR QUE ela não queria deixar você olhar o livro?

(A mãe orienta a filha a refletir sobre o ponto de vista dos outros.)

FILHA: Não.

MÃE: Como você pode descobrir?

FILHA: Eu poderia perguntar a ela.

Exemplos de diálogos do ECSP • 143

MÃE: Veja se você consegue descobrir.
> (*A mãe incentiva a filha a procurar saber*
> *sobre os fatos e a descobrir o problema.*)

(*Mais tarde*)

FILHA: Ela disse que eu nunca a deixo olhar os meus livros.

MÃE: Agora que você sabe por que ela disse não, consegue pensar em alguma coisa que você possa fazer ou dizer para que ela deixe você ver o livro?
> (*A mãe estimula a criança a pensar numa solução.*)

FILHA: Eu posso parar de brincar com ela.

MÃE: O que PODE acontecer se você fizer isso?
> (*A criança é orientada a avaliar as conseqüências da sua solução.*)

FILHA: Pode ser que ela deixe de ser minha amiga.

MÃE: Você quer continuar amiga dela?

FILHA: Sim.

MÃE: Você consegue pensar em algo DIFERENTE para fazer de modo que vocês continuem amigas?
> (*A mãe estimula a filha a pensar mais sobre uma solução.*)

FILHA: Eu posso emprestar um dos meus livros para ela.

MÃE: Esta é uma idéia DIFERENTE. Por que você não tenta usá-la?

Quando essa mãe descobriu que a filha havia batido primeiro, ela não buscou aconselhar a filha ou passar um sermão sobre os prós e os contras de bater nos outros. Em vez disso, ela continuou o diálogo ECSP, estimulando a menina a pensar nos sentimentos de Natalie e no problema original (querer ver o livro). Depois, ela ajudou a filha a procurar meios alternativos para resolver o problema e a avaliar o que poderia acontecer como resultado dessas soluções. No fim, é a criança quem irá resolver o problema, e não a mãe — Isso é ECSP.

Nos diálogos ECSP criança-criança e pai/mãe-criança ao longo deste capítulo, você encontrará um modo que os pais usaram para a abordagem de solucionar problemas quando um conflito em particular surgiu. Caso goste dessa abordagem, você descobrirá que esse processo é facilmente adaptável a quaisquer problemas ou conflitos que surgirem.

Algumas vezes, os velhos hábitos são difíceis de ser vencidos quando os pais começam a usar o ECSP nas situações reais. Por exemplo, você já deve ter ouvido:

MÃE: Bruce, a professora disse que você não pára de provocar as outras crianças e de fazer bagunça na classe. Você já está na segunda série e, se continuar assim, não vai aprender nada e não vai fazer amigos.

FILHO: Eu não me importo.

MÃE: Você já é grande o suficiente para saber. Se não parar de provocar os outros, eu vou ter de instruir você até que você comece a se importar.
(O que realmente está se passando na mente do menino?)

Vamos tentar de novo — desta vez, com o modo de solucionar problema:

Um diálogo do ECSP sobre fazer provocação

MÃE: Por que você tem de provocar as outras crianças?

FILHO: Não sei.

MÃE: É provável que haja um montão de motivos. Se você pensar bem, eu sei que conseguirá encontrar um.

FILHO: Mamãe, ninguém gosta de mim.
(Ah! Então era isso o que ele tinha na mente.)

MÃE: E você acha que provocando os outros eles vão gostar de você?

FILHO: Acho que não.

MÃE: O que acontece quando você os provoca?

FILHO: Nada. Hum... eles fogem de mim.

MÃE: O que você pode fazer para que eles não fujam de você?

FILHO: Ficar amigo deles?
(Esta mãe continuou a ajudar o filho a pensar sobre como ser amigo. Acabaram-se os longos sermões, e agora o menino se importa... ele realmente se importa.)

Princípios do diálogo para problemas criança-criança

Existem três princípios básicos que norteiam o diálogo para a solução de problemas criança-criança:

1. Descobrir o ponto de vista da criança sobre o problema

Se você não descobrir em primeiro lugar qual é o problema de acordo com a visão da criança, você só vai fomentar um confronto de opiniões com o seu filho e o problema vai permanecer sem solução. Se, por exemplo, o seu filho acha que ele já compartilhou o seu brinquedo pelo tempo suficiente e que agora ele simplesmente o quer de volta, mas você acha que o problema é que ele tirou o brinquedo à força, os esforços de vocês dois conduzirão a objetivos diferentes.

Assim que você identifica o problema do ponto de vista do seu filho, resista à tentação de mudar o foco do problema para que se encaixe nos *seus* anseios. Se, por exemplo, um pai ou uma mãe percebe que o problema é causado pela crença do filho de ter cedido por tempo suficiente os seus brinquedos, mas mesmo assim insiste em ensinar uma lição sobre compartilhar, a criança irá resistir a procurar uma solução.

2. Lembre-se que é a criança, e não o adulto, quem deve solucionar o problema

Deixe o seu filho fazer o raciocínio. A você cabe fazer as perguntas que irão revelar o ponto de vista da criança sobre o que causou o problema, como as outras crianças se sentem a respeito da situação e o que ele acha que poderia acontecer caso as suas idéias fossem postas em prática. E, o mais importante, evite dizer para a criança o que ela deve ou não deve fazer.

3. Concentre-se mais no processo de raciocínio do que na conclusão específica

O objetivo do ECSP é ensinar as crianças um estilo de raciocínio que irá ajudá-las a lidar com problemas interpessoais em geral. Se você fizer julgamento de valor sobre as idéias das crianças, irá enfatizar o seu próprio ponto de vista sobre o problema. Até mesmo elogiar uma solução pode inibir futuros raciocínios sobre outras idéias. E a crítica inibirá a disposição da criança de expressar livremente os seus pensamentos. Em qualquer dos casos, a criança deixará de pensar em opções e conseqüências para escolher apenas a solução que tem a sua aprovação. Isso talvez sirva para você a curto prazo, mas vai interferir com o processo de raciocínio que liberta a criança para pensar sobre o problema e decidir por si mesma sobre o que fazer ou não fazer.

◆ ◆ ◆

Eu sei que não é sempre fácil aprender a dialogar usando o ECSP. É um jeito novo de falar com as crianças, e leva tempo e é preciso praticar muito antes que se torne um hábito. É por esse motivo que nós elaboramos vagarosamente cada parte do diálogo, capítulo a capítulo, para que você possa praticar esta nova abordagem um passo de cada vez antes de juntar todas as peças.

Além disso, lembre-se que não estou sugerindo que você deva usar o ECSP toda vez que falar com seus filhos. Isso seria antinatural. No entanto, quando o seu filho se defronta com um conflito no dia-a-dia, você descobrirá que o ECSP lhe será muito útil.

Mais exemplos de diálogos ECSP
para problemas criança-criança

Os exemplos a seguir irão ajudá-lo a praticar o ECSP em todas as horas do dia de modo que, no final, este processo de raciocínio se tornará, tanto para você quanto para os seus filhos, uma segunda natureza.

Conduta agressiva

"Eu não gosto de você."

PAI: O que está acontecendo? Por que você chutou a Mary?

FILHO: Eu não gosto dela.

PAI: Como você acha que a Mary se sente quando você a chuta?

FILHO: Zangada.

PAI: O que PODE acontecer SE você a chutar?

FILHO: Eu posso machucá-la.

PAI: Você consegue pensar em algo DIFERENTE para fazer que não machuque a Mary e que ela não fique ZANGADA?

FILHO: Eu posso simplesmente ficar longe dela.

PAI: Essa é uma idéia DIFERENTE. Por que você não tenta fazer isso?

Estragar as coisas dos outros

"Porque eu estava zangado."

PAI: Dennis, por que você rasgou o livro da sua irmã?

FILHO: Porque estou zangado com ela.

PAI: Por que você está zangado com ela?

FILHO: Ela me chamou de idiota.

PAI: O que aconteceu?

FILHO: Eu não queria brincar com ela. Ela é menina.

PAI: Você disse isso a ela?

FILHO: Sim.

PAI: Como você acha que a Melissa se sente quando você diz essas coisas para ela?

FILHO: Mal.

PAI: Você acha que foi POR CAUSA disso que ela chamou você de idiota?

FILHO: Sim.

PAI: Se você não quer brincar com ela, você consegue pensar em outra coisa que poderia dizer para que ela não se sinta tão mal e não insulte você?

FILHO: Eu posso dizer para ela sair de perto de mim.

PAI: Você pode dizer isso. O que PODE acontecer se você disser isso?

FILHO: Ela vai chorar. Ela é chorona.

PAI: Ela PODE chorar. O que mais você pode dizer?

FILHO: Não sei.

PAI: Está bem. Pense sobre isso. Porém, o que você me diz do livro da sua irmã? Você o rasgou. O que você vai fazer para remediar a situação?

FILHO: Eu vou pedir desculpas.

PAI: O que mais você pode fazer?

FILHO: Dar um dos meus livros para ela.

PAI: Muito bem. Faça essas coisas e veja o que acontece.

Pegar objetos à força

"Dê-me isso!"

MÃE: O que está acontecendo? Qual é o problema?

FILHO: Eu quero brincar com o caminhão.

MÃE: Como você acha que o Jeffrey se sente quando você tira um brinquedo dele à força?

FILHO: Zangado. Mas eu não me importo. Eu quero o caminhão.

MÃE: O que o Jeffrey fez quando você tirou o caminhão das mãos dele?

FILHO: Ele bateu em mim.

MÃE: Como você se sentiu?

FILHO: Zangado.

MÃE: Então você está ZANGADO, e o Jeffrey está ZANGADO e ele bateu em você. Você consegue pensar num modo DIFERENTE para ter a sua vez de brincar com o caminhão de modo que vocês dois não fiquem ZANGADOS e o Jeffrey não bata em você?

FILHO: Eu poderia pedir para ele.

MÃE: O que PODE acontecer se você fizer isso?

FILHO: Ele não vai deixar.

MÃE: TALVEZ. O que mais você pode fazer para poder brincar com o caminhão.

FILHO: Eu posso emprestar para ele o meu dinossauro.

MÃE: O que PODE acontecer se você fizer isso?

FILHO: Eu acho que ele vai concordar.

MÃE: Então por que você não tenta isso?

Impaciência

"Eu quero brincar agora!"

FILHA: Renee não vai brincar comigo.

MÃE: Como você sabe que ela não vai?

FILHA: Ela me disse.

MÃE: O que foi que ela disse?

FILHA: Que ela quer ler o livro dela.

MÃE: Ah, ela quer fazer uma coisa DIFERENTE AGORA. Talvez ela queira brincar com você quando acabar de ler.

FILHA: Mas eu quero brincar agora.

MÃE: Você gosta de brincar com a Renee o tempo TODO OU só durante ALGUM tempo?

FILHA: Só durante ALGUM tempo.

MÃE: Você acha que a Renee pode brincar com você o tempo TODO?

FILHA: Não.

MÃE: Agora a Renee está ocupada lendo um livro. Você consegue pensar em OUTRA coisa para fazer AGORA?

FILHA: Não.

MÃE: Como você se sentiria se a Renee incomodasse você enquanto você estivesse ocupada?

FILHA: Zangada.

MÃE: Como você acha que a Renee se sentiria se você não a deixasse ler o seu livro AGORA?

FILHA: Zangada.

MÃE: SE você puder pensar em algo para fazer AGORA, ENTÃO a Renne não vai ficar zangada. AGORA ela quer ler.

FILHA: Eu posso brincar com o meu quebra-cabeça.

MÃE: Essa é uma coisa que você pode fazer AGORA.

Sentimento de rejeição

"Ninguém quer brincar comigo."

FILHO: Robbie e Derek não me deixam brincar.

MÃE: Do que eles estão brincando?

FILHO: Eles são *cowboys*. Eles me expulsaram.

MÃE: Você quer brincar com eles?

FILHO: É claro!

MÃE: O que você disse para eles?

FILHO: Que eu também sou um *cowboy*.

MÃE: E então o que aconteceu?

FILHO: O Derek disse: "Você é pequeno demais. Não pode brincar."

MÃE: O que você fez então?

FILHO: Nada.

MÃE: Você consegue pensar em uma coisa DIFERENTE que pode fazer para que eles deixem você brincar?

FILHO: Eu posso dizer: "Eu sou um cowboy grande."

MÃE: O que PODE acontecer SE você fizer isso?

FILHO: Eles vão dizer: "Não, você não é."

MÃE: Eles PODEM dizer isso. O que mais você pode fazer ou dizer?

FILHO: Eu posso dizer a eles que os índios estão chegando. Eu poderia ajudá-los a apanhá-los.

MÃE: Essa é uma idéia DIFERENTE. Faça a tentativa e veja o que acontece.

Compartilhar

"Ele nunca empresta nada."

PAI: O que aconteceu?

FILHO: Paul nunca empresta nada. É por isso que eu tirei o creiom dele.

PAI: O que aconteceu depois que você fez isso?

FILHO: Ele chorou.

PAI: E como Paul se sentiu então?

FILHO: Triste.

PAI: Como você se sente sobre ele não dividir as coisas?

FILHO: Zangado!

PAI: Tirar à força é uma maneira de conseguir o creiom. Você consegue pensar em uma outra maneira DIFERENTE, para que Paul não fique TRISTE e você não fique ZANGADO?

FILHO: Eu posso pedir emprestado.

PAI: Esta é uma idéia DIFERENTE. Vá em frente e tente isso.

FILHO: (*para Paul*) Posso pegar emprestado o creiom?

PAUL: Não.

PAI: Ah, então essa idéia não funcionou. Você consegue pensar numa segunda solução?

FILHO: (*para Paul*) Eu deixo você brincar com a minha caminhonete novinha...

PAUL: Tá legal.

PAI: Você pensou num modo DIFERENTE. Como você está se sentindo?

"Eu peguei primeiro!"

MÃE: O que está acontecendo?

CRIANÇA Nº 1: Eu peguei primeiro!

CRIANÇA Nº 2: Não, fui eu!

MÃE: Sara, como você se sente quando a Débora tira alguma coisa de você?

CRIANÇA Nº 1: Zangada.

MÃE: Débora, como você se sente quando a Sara tira alguma coisa de você?

CRIANÇA Nº 2: Zangada.

MÃE: Então vocês duas estão zangadas. Puxar a boneca é uma maneira de conseguir o que você quer. O que aconteceu depois que cada uma de vocês puxou a boneca?

CRIANÇA Nº 2: Nós começamos a brigar.

MÃE: Cada uma de vocês consegue pensar num modo DIFERENTE em que não fiquem zangadas e nem precisem brigar?

CRIANÇA Nº 1: Podemos fazer as pazes.

CRIANÇA Nº 2: Podemos brincar juntas.

MÃE: Por que vocês não tentam essas idéias?

Resumo: Problemas criança-criança

Seja qual for o problema, as perguntas abaixo formam a base para os diálogos ECSP:

1. "Qual é o problema?" (Às vezes, você pode acrescentar: "Porque isso vai me ajudar a entender melhor o problema.")
2. "Como (a outra criança) está se sentindo?"
3. "Como você está se sentindo?"
4. "Você consegue pensar num modo diferente de resolver o problema, para que ninguém fique zangado (ou para que ele não bata em você, etc.)?"
5. "Esta é uma boa idéia ou não é uma boa idéia?"
6. (Caso a idéia seja boa) "Vá em frente e tente fazer isso."
7. (Caso a idéia não seja boa) "Ah, você vai ter de pensar em alguma coisa diferente."

Problemas pai/mãe-filhos

Problemas pai/mãe-filhos são aqueles que ocorrem entre você e o seu filho. Estes são muitas vezes situações disciplinares que, quando tratadas com o processo de raciocínio ECSP, quase sempre elimina a necessidade de censuras e punições.

Muitas vezes, frente à indisciplina, os pais esquecem de usar o ECSP. Por exemplo, você já deve ter ouvido:

MÃE: Onde você estava? Eu disse para você vir para casa logo depois da escola!

FILHO: Eu esqueci.

MÃE: Você não sabe que eu fico morrendo de preocupação?

FILHO: Desculpe.

MÃE: Nunca mais repita isso, ou você vai se ver comigo!
(Esta mãe está compreensivelmente agindo desse modo por causa da preocupação, do alívio e da raiva; porém, em sua ansiedade, ela se esqueceu do ECSP.)

Vamos tentar novamente, desta vez à maneira da solução de problemas:

Um diálogo ECSP sobre o esquecimento

MÃE: Como você acha que eu me sinto quando eu não sei onde você está?
FILHO: Preocupada, talvez zangada.
MÃE: O que você poderia ter feito para que eu não me preocupasse e soubesse onde você estava?
FILHO: Eu poderia ter ligado. Mas eu estava com medo de que você me mandasse voltar para casa.
MÃE: Talvez eu fizesse isso. No entanto, por que você acha que eu quero que você ligue quando não sei onde você está?
FILHO: Para não ficar preocupada.
(Esta criança foi ajudada a enxergar além do seu ponto de vista e a compreender que a sua mãe também tem sentimentos.)

Princípios do diálogo pai/mãe-filho em situações problemáticas

Quando você usa o ECSP para resolver um problema que ocorreu entre você e o seu filho, lembre-se destas duas orientações básicas:

1. Ajude o seu filho a compreender os seus sentimentos no que diz respeito ao problema

As crianças precisam saber por que você não pode satisfazer os desejos imediatos delas sempre, ou por que você fica zangado quando elas não escutam, não obedecem às suas ordens ou quebram alguma coisa. Em vez de *dizer* a elas como você se sente, estimule-as a pensar sobre os seus sentimentos, fazendo-lhes perguntas como: "Por que você acha que eu não posso comprar esse brinquedo para você?", e "Por que você acha que eu fico zangado quando você deixa a sala na maior bagunça?"

2. Ajude o seu filho a entender por que nem sempre ele pode escolher

De vez em quando, no seu papel de pai, você não tem como negociar. Quando você quer que ele pare de brincar para se aprontar para ir à escola, essa é a palavra final, e o ECSP não pode ser usado como estratagema para os seus filhos tentarem mudar a sua opinião. Porém, até mesmo nas circunstâncias em que as crianças não têm direito a um voto na decisão final, o ECSP pode levá-las a pensar sobre como fazer o que devem.

Algumas vezes, os seus filhos podem usar o ECSP para pensar sobre *como* fazer o que é importante para você e o que você valoriza neles. No caso da sala bagunçada, por exemplo, se você quer a sala arrumada, a questão não é se a sala vai ser arrumada ou não, mas sim *como* o seu filho vai arrumá-la. Você pode perguntar ao seu filho se ele gostaria de recolher *todos* os brinquedos primeiro e então recolher as roupas *depois* do jantar. Ele talvez prefira empilhar os brinquedos no chão do escritório em vez de colocá-los na prateleira do quarto. O ECSP vai permitir que ele decida o modo como fazer o que você mandou sem sair dos limites da educação que você está dando a ele; porém, de um modo que ele ainda tenha alguma liberdade para chegar a um determinado objetivo.

Em outras situações, claramente as opções são totalmente inexistentes. Se você quiser que ele afivele o cinto de segurança no carro, por exemplo, novamente a questão não é se o seu filho vai ou não poder fazer isso, mas em pensar sobre a necessidade de usá-lo. O ECSP ajuda você a fazer perguntas que podem levar o seu filho a perceber por si mesmo por que deve usar o cinto de segurança. Assim, em vez de dizer a ele, "Coloque o cinto senão você pode se machucar", você pode perguntar, "O que PODERÁ acontecer se você NÃO usar o cinto?"

Nos diálogos abaixo você vai observar que alguns deles seguem todas as quatro etapas, enquanto em outros ou pai ou a mãe não pergunta à criança, "Você consegue pensar em algo DIFERENTE para fazer?" Esses são os casos em que não existem outras opções viáveis. Os diálogos meramente servem para ajudar a criança a pensar sobre como o problema afeta todas as pessoas envolvidas.

Mais exemplos de diálogos para os problemas pai/mãe-filho

Hora de dormir

"Eu não quero dormir!"

PAI: É hora de ir para cama.
FILHO: Eu não quero ir para a cama!
PAI: Por que você acha que deve ir para cama AGORA, e não MAIS TARDE?
FILHO: Eu não sei.

PAI: O que PODE acontecer SE você for para a cama MAIS TARDE?

FILHO: Eu poderia estar cansado amanhã.

PAI: O que PODE acontecer SE você estiver cansado amanhã?

FILHO: Eu não vou me sair bem na escola.

PAI: Como você vai se sentir SE acordar cansado e não se sair bem na escola?

FILHO: Mal.

PAI: Então, esta É UMA BOA HORA, ou NÃO É UMA BOA HORA para ir dormir?

Na loja de brinquedos

"Eu quero outro!"

FILHO: Eu quero este caminhão.

PAI: O que aconteceu com o caminhão que eu dei para você no seu aniversário?

FILHO: Ele quebrou — Eu quero outro!

PAI: Como foi que ele quebrou?

FILHO: Eu arranquei a roda.

PAI: Por que você fez isso?

FILHO: Porque eu quis.

PAI: Como você acha que eu me sinto quando você simplesmente destrói um brinquedo que custou um dinheirão?

FILHO: Zangado.

PAI: Você acha que merece ganhar outro caminhão?

FILHO: Sim.

PAI: Por quê?

FILHO: Por que eu quero outro!

PAI: O que você vai fazer para que eu compre outro caminhão?

FILHO: Não vou quebrá-lo.

PAI: Como eu vou saber se você não vai quebrá-lo?

FILHO: Eu não vou mais quebrar os meus brinquedos.

PAI: Você vai brincar com eles do MESMO modo ou de modo DIFERENTE?

FILHO: De modo diferente.

PAI: Como você vai brincar com eles?

FILHO: Eu não vou mais arrancar as rodas e não vou mais atirá-los ao chão ou na parede.

PAI: Está bem. Quando você me mostrar que não está mais destruindo os seus brinquedos, nós iremos conversar novamente sobre este caminhão.

"Pode me comprar...?"

FILHA: Mãe, você pode comprar esta boneca para mim?

MÃE: Érica, você sabe que eu tenho de levar você comigo todas as vezes que eu saio para fazer compras. O que ACONTECERIA com todo o meu dinheiro SE eu comprasse brinquedos caros toda vez que você pedisse?

FILHA: Você ficaria sem dinheiro.

MÃE: Sim, isso PODERIA acontecer.

FILHA: Mãe, então você pode comprar isto para mim? (*escolhe um anel de bijuteria*)

MÃE: Sim, isso eu posso comprar; é barato.

Arrumação

"Eu tenho mesmo que fazer isso?"

MÃE: Joann, eu pedi que você arrumasse o seu quarto, mas ele continua uma bagunça.

FILHA: Ahn... Eu tenho mesmo que fazer isso?

MÃE: Como você acha que eu me sinto quando encontro o seu quarto neste estado?

FILHA: Zangada.

MÃE: E você sabe por que isso me faz ficar zangada?

FILHA: Porque você sempre me pede para arrumá-lo?

MÃE: Sim, mas você sabe por que eu quero que você deixe o quarto arrumado?

FILHA: Não sei.

MÃE: Bem, tente adivinhar. Você consegue pensar em alguma razão para eu gostar de ver o seu quarto arrumado?

FILHA: Porque você gosta das coisas organizadas?

MÃE: Esse é um motivo. Você consegue pensar num motivo DIFERENTE?

FILHA: Porque, quando o quarto está organizado, você pode entrar nele sem tropeçar nas coisas?

MÃE: Sim. E como você se sente quando o seu quarto está arrumado?

FILHA: Eu gosto.

"Mande ele me ajudar!"

MÃE: Dorothy, você estava brincando com todos esses brinquedos?

FILHA: O Brian brincou também.

MÃE: Vocês dois estavam brincando juntos?

FILHA: Sim.

MÃE: É JUSTO que Brian recolha TODOS os brinquedos, e você NÃO guarde nenhum?

FILHA: Não.

MÃE: O que É JUSTO?

FILHA: O Brian deveria me ajudar, mas ele não ajuda.

MÃE: Você consegue pensar num modo de fazer com que o Brian ajude você a recolher os brinquedos?

FILHA: Eu poderia pedir para ele.

MÃE: Esta é uma idéia. O que PODE acontecer SE você pedir?

FILHA: Ele vai dizer não.

MÃE: Isso PODE acontecer. SE ele disser não, em que mais você pode pensar para fazer?

FILHA: Bater nele.

MÃE: É, você pode bater nele. O que PODERIA acontecer a seguir?

FILHA: Nós iríamos brigar.

MÃE: TALVEZ vocês briguem. Você consegue imaginar uma terceira solução, que seja DIFERENTE das outras?

FILHA: Você poderia dizer para ele me ajudar.

MÃE: Eu posso mandá-lo fazer isso; porém, isso não vai adiantar quando eu não estiver por perto. Você consegue pensar em um modo DIFERENTE?

FILHA: Eu posso dizer que não vou mais brincar com ele.

MÃE: Esta é uma boa idéia?

FILHA: Sim.

MÃE: POR QUÊ?

FILHA: Porque assim ele vai me ajudar.

MÃE: TALVEZ. Por que você não tenta?

Durante as refeições

"Eu não estou com fome."

MÃE: Qual é o problema? Por que você não está comendo?

FILHO: Não estou com fome.

MÃE: POR QUE você não está com fome?

FILHO: Não sei.

MÃE: Você não estava comendo bolachas de chocolate um instantinho atrás?

FILHO: Sim, porque eu estava com fome.

MÃE: Como você acha que eu me sinto quando você devora as bolachas ANTES do jantar e depois não come esta comida nutritiva?

FILHO: Zangada.

MÃE: Como você acha que o seu corpo fica quando ele não recebe alimentos saudáveis?

FILHO: Doente?

MÃE: Ele PODE ficar. O que você pode fazer para que eu não fique zangada e seu corpo não fique doente?

FILHO: E se eu comer só um pouco desta comida?

MÃE: Você pode fazer isso. E o que mais você poderá fazer da próxima vez?

FILHO: Eu não vou mais comer bolachas antes do jantar.

"Eu não gosto de verduras e legumes."

PAI: Qual é o problema? Por que você deixou a cenoura no prato?

FILHO: Eu não gosto de legumes.

PAI: Eu achei que você gostasse. Você come cenoura o tempo todo.

FILHO: Mas não cozida e mole como esta.

PAI: Bem, você consegue pensar em alguma coisa que você possa fazer para comer vegetais com o seu jantar?

FILHO: Eu posso comer as cenouras que estão na geladeira que ainda não estão cozidas.

PAI: Esta é uma boa solução?

FILHO: Sim, porque cenouras cruas também são nutritivas.

PAI: Sim. Cenouras cruas também são legumes.

Comportamento irresponsável

"Eu me esqueci."

PAI: Cheryl, eu não pedi para você recolher os seus brinquedos?

FILHA: Eu esqueci.

PAI: O chão é um bom lugar de deixar os brinquedos?

FILHA: Não.

PAI: O que PODE acontecer SE você deixar os brinquedos no chão?

FILHA: Alguém pode tropeçar e cair sobre eles.

PAI: E o que mais PODE acontecer?

FILHA: Ele pode se machucar?

PAI: Como todos nós vamos nos sentir SE alguém se machucar?

FILHA: Tristes — e zangados.

PAI: Você consegue pensar num lugar DIFERENTE para colocar esses brinquedos, para que ninguém caia sobre eles e ninguém se machuque?

FILHA: Eu posso levá-los para o meu quarto.

PAI: Boa idéia. No seu quarto, é você quem decide onde quer colocá-los.

Mentiras

"Foi ele!"

MÃE: Jéssica, o que aconteceu? Como foi que esse vaso quebrou?

FILHA: Foi o Keith quem quebrou!

MÃE: Ah! Você sabe como isso aconteceu?

FILHA: Ele entrou correndo e tropeçou perto dele.

MÃE: (*Sabendo que a verdade é outra*) Eu vou ter de falar com o Keith. Estou muito magoada por ele ter sido tão pouco cuidadoso.

FILHA: Não, mamãe, fui eu. Não grite com o Keith.

MÃE: Por que você me disse que havia sido o Keith?

FILHA: Eu estava com medo.

MÃE: Ah, sei. Conte-me como isso aconteceu.

FILHA: Eu bati nele, e ele caiu.

MÃE: O que você estava fazendo?

FILHA: Estava brincando.

MÃE: Perto do vaso?

FILHA: Sim.

MÃE: Eu estou contente de você ter contado a verdade. O que você pode fazer sobre isso?

FILHA: Eu posso ajudá-la a encontrar um outro.

MÃE: Sim, você pode fazer isso. O que você acha que pode fazer da próxima vez que estiver brincando perto de alguma coisa que possa quebrar?

FILHA: Eu não vou mais brincar perto de coisas que possam quebrar.

Fazendo manha para chamar a atenção

"Leia para mim agora!"

FILHO: Mãe, você pode ler esta história para mim?

MÃE: AGORA eu estou ocupada preparando o jantar. Depois que eu colocar o prato no forno, vou poder ler para você.

FILHO: Por que você não pode ler agora?

MÃE: PORQUE eu quero o jantar pronto às seis, e esse prato precisa ir ao forno AGORA. Você consegue pensar em alguma coisa DIFERENTE para fazer até que eu tenha terminado?

FILHO: Não.

MÃE: Você está me incomodando. O que você pode fazer enquanto espera?

FILHO: Eu vou olhar as figuras do livro.

MÃE: Isso é uma coisa que você pode fazer.

FILHO: Depois vou assistir à tevê.

MÃE: Você pensou em duas coisas para fazer. Se você ainda quiser que eu leia para você depois que eu acabar, diga-me.

FILHO: Está bem.

Estragar coisas dos outros

"Eu não vou derramar."

PAI: O que PODE acontecer SE você brincar com água na sala?

FILHO: Nada. Eu não vou derramar.

PAI: TALVEZ você não derrame, mas o que mais pode acontecer?

FILHO: É, pode derramar.

PAI: E como você acha que eu vou me sentir se você derramar água aqui?

FILHO: Zangado.

PAI: POR QUE você acha que eu ficaria zangado?

FILHO: Porque poderia sujar o tapete.

PAI: Você consegue pensar num lugar DIFERENTE para brincar com água de modo que ela não derrame?

FILHO: No tanque.

PAI: Esse é um bom lugar?

FILHO: Sim, porque a água desce pelo ralo.

PAI: E você consegue imaginar um segundo lugar DIFERENTE que seja bom para brincar com água?

FILHO: No quintal.

PAI: Você pode escolher em qual dos dois você vai brincar.

Em viagem

"Pára de me chutar!"

CRIANÇA Nº 1: Mãe, diz pra ele parar de me chutar.

CRIANÇA Nº 2: Ai, ai! Você é um bebê chorão. Eu não estou fazendo nada.

MÃE: Como vocês acham que eu me sinto, tentando dirigir com vocês dois brigando desse jeito?

CRIANÇA Nº 1: Zangada.

MÃE: O que PODE acontecer se eu tenho de ficar me virando para trás para acabar com a briga de vocês?

CRIANÇA Nº 2: Você pode provocar um acidente.

MÃE: Como vocês se sentiriam se eu provocasse um acidente PORQUE vocês estão brigando?

CRIANÇA Nº 2: Mal.

MÃE: O que vocês podem fazer para que eu não fique ZANGADA e não provoque um acidente?

"Eu não quero usar o cinto de segurança."

PAI: Prenda o cinto.

FILHA: Eu não quero.

PAI: Por que você não quer usar o cinto de segurança?

FILHA: Eu não gosto.

PAI: Por que você acha que deve usar o cinto?

FILHA: Para que, se nós sofrermos um acidente, eu não me machuque.

PAI: Como você acha que eu me sentiria SE eu sofresse um acidente e você se machucasse porque não estava usando o cinto de segurança?

FILHA: Triste e magoado.

Problemas de idéia, hora ou lugar

Todos os dias, as crianças muitas vezes fazem coisas banais como, por exemplo, correr pela casa, que não são uma boa idéia, ou não são feitas numa boa hora, ou num bom lugar. Nessas circunstâncias, você pode evitar problemas em potencial se usar o ECSP para ajudar a criança a refletir sobre a sua ação. Você já deve ter ouvido:

MÃE: Linwood, não amarre a corda na porta da frente. Ninguém vai poder entrar e nem sair.

FILHO: Sinto muito.

MÃE: O que há com você? Você sabe que este não é um bom lugar para brincar com uma corda.

(Essa mãe explicou a Linwood as conseqüências do seu ato, mas não o ajudou a identificar o problema potencial.)

Vamos tentar de novo, agora com o ECSP:

MÃE: Linwood, este é um bom lugar para amarrar a corda?

FILHO: Acho que não.

MÃE: O que PODE acontecer se você deixar a corda esticada bem na porta da frente?

FILHO: Ninguém vai conseguir passar.

MÃE: Como você acha que as pessoas vão se sentir por não poderem entrar?

FILHO: Zangadas.

MÃE: Você consegue pensar num lugar diferente para amarrar a corda?

FILHO: Na porta do meu quarto.

(A motivação de Linwood não era impedir as pessoas de entrar e sair de casa. Ele só queria praticar dar nós na corda. Essa mãe não mais ralhou com o filho por algo que ele não tinha a intenção de fazer.)

Mais exemplos de diálogos do ECSP para problemas de idéia, hora ou lugar

Depois que o seu filho criar o hábito de raciocinar com o ECSP, você descobrirá que não há mais necessidade de usar um diálogo completo. Certa manhã, por exemplo, Eddie enfiou a mão na tigela em que sua mãe estava usando o batedor de ovos para preparar o café da manhã. A mãe desligou o batedor e perguntou:

"Este é um bom lugar para você colocar a mão?" Eddie, adotando o estilo ECSP de raciocínio, respondeu: "Não, porque eu posso me machucar", e tirou a mão da tigela. Não foi necessário que a mãe de Eddie apelasse para um diálogo que incluísse sentimentos, soluções e conseqüências. Eddie sabia do que se tratava. Para relembrar rapidamente os seus filhos a usar o raciocínio ECSP, você pode fazer as duas ou três perguntas abaixo num grande número de circunstâncias:

Quando a criança está desenhando na parede (na mesa, no chão, etc.)

"Este é um bom lugar para desenhar?"
"POR QUE este NÃO É um bom lugar?"
"Qual É um bom lugar para desenhar?"

Quando a criança deixa os brinquedos num lugar perigoso

"Este é um bom lugar para deixar os brinquedos?"
"Onde É um bom lugar?"

Quando a criança não se agasalha o suficiente num dia frio

"Você acha que é boa idéia sair de casa sem as suas botas quando está nevando?"
"POR QUÊ? PORQUE _____."
"O que mais você deve colocar para sair na neve?"

Quando a criança está correndo pela casa

"É uma boa idéia correr pela casa?"
"O que PODE acontecer SE você correr dentro de casa?"
"Você consegue pensar em alguma coisa DIFERENTE para fazer enquanto está dentro de casa?"

Quando a criança interrompe

"Esta é UMA BOA HORA para falar comigo?"
"Você acha que eu consigo falar com você E com _____ ao MESMO tempo?"
"O que você pode fazer enquanto espera?"

Quando a criança brinca de pintar usando roupas boas

"É uma boa idéia brincar de pintar usando as suas melhores roupas?"
"O que PODE acontecer SE você usa roupas boas enquanto brinca de pintar?"
O que você pode fazer para que as suas roupas NÃO _____."
(repita a resposta da criança)

Exemplos de diálogos do ECSP • 161

Quando a criança anda de bicicleta em alta velocidade

"Andar em alta velocidade é uma boa idéia?"
"O que PODE acontecer SE você andar de bicicleta rápido demais?"
"Você consegue pensar num modo DIFERENTE de andar de bicicleta?"

Quando a criança está segurando a tesoura de modo incorreto

"Este é um bom modo de segurar a tesoura enquanto anda?"
"Você consegue pensar num modo DIFERENTE de segurar a tesoura?"

Quando a criança está parada perto demais de outras crianças que estão jogando bola

"Este é um bom lugar para ficar?"
"Você consegue pensar num lugar DIFERENTE para ficar?"

Quando a criança coloca os pés sobre a mesa ou sobre outros móveis

"Este é um bom lugar para você colocar os pés?"
"Você consegue pensar num lugar DIFERENTE para colocar os pés?"

Quando as crianças brincam bem em frente da porta de entrada da casa

"Este é um bom lugar para brincar?"
"Você consegue pensar num lugar DIFERENTE para brincar?"

Quando uma criança diz um palavrão a outra

"Esta é uma boa idéia?"
"Como você acha que ele se sente quando você faz isso?"
"O que PODE acontecer a seguir?"

Boa hora, bom lugar, boa idéia. Depois que o seu filho compreender o raciocínio ECSP, você poderá fazer duas ou três perguntas para evitar uma longa lista de problemas em potencial. Essas perguntas também ajudam a criança a praticar o raciocínio conseqüencial — e logo você até mesmo poderá ouvir o seu pequeno craque em solução de problemas exibir as suas habilidades de raciocínio para os amigos. Foi o que aconteceu com Marie, alguns meses depois de ela ter levado o ECSP para dentro da sua casa. Num fim de tarde, ela pôde ouvir Alex, de 4 anos de idade, dizer para um amiguinho: "Este não é um bom lugar para deixar a bicicleta porque um carro pode passar por cima dela."

"Bem", pensou Marie, "agora o Alex é realmente uma criança ECSP."

PROBLEMAS COMUNS

Entre criança e criança

Bater (agressão física)	Página 140
Provocar	Página 144
Ser agressivo	Página 146
Estragar coisas dos outros	Página 146
Tomar objetos à força	Página 147
Impaciência	Página 147
Sentimento de rejeição	Página 148
Compartilhar coisas	Página 149

Entre pai/mãe e Filho

Esquecimento	Página 151
Hora de dormir	Página 152
Na loja de brinquedos	Página 153
Arrumação	Página 154
Refeições	Página 155
Comportamento irresponsável	Página 156
Mentiras	Página 156
Fazer manha para chamar a atenção	Página 157
Estragar coisas dos outros	Página 157
Em viagem	Página 158

Epílogo

Nos últimos 25 anos, eu pude ver, em escolas de todo o país, os benefícios que o ECSP oferece às crianças, assim como o entusiasmo dos pais depois que eles levaram o programa da sala de aula para os seus lares. Agora estou encantada com a possibilidade que me é oferecida de chegar diretamente à sua casa. Eu espero que o ECSP o ajude na tarefa desafiadora de criar seus filhos numa sociedade em que algumas pessoas se esqueceram que se deve pensar primeiro e agir depois. Será que seria por demais audacioso da minha parte prever que, se a nova geração de adolescentes e jovens for composta por pensadores ECSP, o nosso país se tornará um lugar mais humano e compassivo para os nossos filhos e os filhos dos nossos filhos viverem?

Apêndice A

◆ ● ◆

Lista para auto-avaliação

De vez em quando, você poderá querer perguntar a si mesmo, "Como estou me saindo?" As habilidades ECSP são do tipo que você vai querer usar continuamente ao longo dos anos; no entanto, é provável que às vezes você as esquecerá e dirá para as crianças como elas devem resolver um problema ao invés de deixá-las tentar chegar a uma solução por si mesmas. A lista abaixo será um modo útil e rápido de avaliar o seu desempenho no uso das técnicas do ECSP.

Se você responder "sim" às frases 1, 2 e 3, é provável que você precise praticar mais os diálogos do ECSP para estimular o seu filho a pensar sobre um problema em vez de escutar o que você diz sobre ele. Por outro lado, uma resposta positiva à frase 4 indica que você está no caminho certo para se tornar um pai ou mãe ECSP.

Hoje (ou nessa semana), quando falei com os meus filhos, eu:

1. *Fui superexigente, autoritário e/ou depreciador.*

EXEMPLOS:

"Sente-se!"

"Não faça isso!"

"Você sabe que não pode _____!"

"Quantas vezes eu já lhe disse que _____!"

2. *Dei sugestões sem explicações.*

EXEMPLOS:

"Você não pode sair por aí batendo nas outras crianças."

"Por que você não pergunta isso para ele?"

"As crianças precisam aprender a compartilhar."

3. Ofereci sugestões sem explicações, inclusive sobre a expressão de sentimentos.

EXEMPLOS:

"Se você bater nos outros, PODERÁ perder os amigos."

"Se você tirar à força da sua amiga, ela não vai mais deixar você brincar com os brinquedos dela."

"Você não deve fazer isso. NÃO É JUSTO."

"Você vai fazer com que ele fique zangado SE fizer isso."

4. Orientei o meu filho a pensar sobre sentimentos, soluções e conseqüências.

EXEMPLOS:

"Qual é o problema?"

"Como você acha que o seu amigo se sente quando _____?"

"O que PODE acontecer SE _____?"

"O que você pode fazer para que isso NÃO aconteça?"

"Você acha que esta É ou NÃO É uma boa idéia?"

"Você consegue pensar num modo DIFERENTE?"

Apêndice B

◆ ● ◆

Para você e seus filhos: coisas sobre as quais pensar

Enquanto os seus filhos estão aprendendo o ECSP, você observará que aos poucos começará a reavaliar a maneira como se relaciona com eles. Os exercícios a seguir são uma maneira divertida para você meditar sobre o relacionamento especial que existe entre você e seus filhos.

Pontos de vista

Alegre, triste, zangado

1. O que o seu filho faz que deixa você:

alegre?
triste?
zangado?

2. Por que (a resposta à pergunta 1) deixa você:

alegre?
triste?
zangado?

3. O que *você* faz que deixa os seus filhos:

alegre?
triste?
zangado?

4. Por que (a resposta à pergunta 3) deixa os seus filhos:

alegre?

triste?

zangado?

O dia em que...

Você se lembra do dia em que:

1. Você e seu filho sentiram-se do MESMO modo a respeito de alguma coisa?
2. Você e seu filho sentiram-se de modos DIFERENTES a respeito da MESMA coisa?
3. Você achou que seu filho gostava de algo de que, na verdade, ele NÃO gostava?
4. O seu filho achou que você gostava de algo de que, na verdade, você NÃO gostava?
5. Você descobriu do que ele gostava ao *ver* o que ele estava fazendo?
6. Você descobriu do que o seu filho gostava ao *ouvir* o que ele disse?
7. Você descobriu do que ele gostava ao *perguntar* a ele?

Mais pontos de vista

Orgulhoso, frustrado

Pense num dia em que você:

1. Sentiu-se ORGULHOSO do seu filho.
2. Sentiu-se ORGULHOSO de si mesmo.
3. Você achou que seu filho estava ORGULHOSO de si mesmo.
4. Você achou que seu filho estava ORGULHOSO de você. (Como você chegou a essa conclusão?)
5. Você se sentiu FRUSTRADO em relação aos seus filhos.
6. Você se sentiu FRUSTRADO em relação a si mesmo.
7. Você achou que o seu filho estava se sentindo FRUSTRADO. (Como você chegou a essa conclusão?)
8. Você achou que seus filhos estavam sentindo-se FRUSTRADOS em relação a você. (Como você chegou a essa conclusão?)

É uma boa hora/Não é uma boa hora

Pense num dia em que:

1. O seu filho escolheu uma HORA que NÃO era BOA para pedir alguma coisa para você. Por exemplo, quando você estava:

ocupado

cansado

doente

mal-humorado

2. O seu filho esperou por uma BOA HORA para pedir alguma coisa a você.
3. Você escolheu uma HORA que NÃO era BOA para pedir que o seu filho fizesse alguma coisa.

Maneiras diferentes: Problemas reais

O objetivo da atividade seguinte é aprender mais sobre como usar o diálogo do ECSP com o seu filho.

Pense sobre uma situação problemática real com a qual você teve de lidar recentemente com o seu filho.

1. Qual foi a primeira coisa que você disse ou fez quando o problema surgiu?
2. O que aconteceu a seguir? Qual foi a primeira coisa que o seu filho fez ou disse depois que você disse (ou fez) isso?
3. O que você disse, ou fez, a seguir?

Continue a pensar sobre tudo o que foi realmente dito, ou feito, desde que o problema surgiu até que ele foi solucionado.

Agora, pense sobre o seguinte:

1. Você conseguiu obter do seu filho todos os fatos relativos ao problema?
2. Você descobriu como o seu filho, ou filha, estava se sentindo quando o problema surgiu? (Como você descobriu?)
3. Você consegue pensar em outro modo em que você poderia ter lidado com o mesmo problema? Algo mais que você poderia ter dito ou feito quando o seu filho fez (ou disse) isso?

Descobrindo

Interrogue-se periodicamente para ver como o ECSP está funcionando para você como pai ou mãe. Pergunte a si mesmo se você consegue se lembrar de alguma ocasião em que:

1. Você reconheceu um problema com o seu filho:

ao ver, mas não ouvir ou perguntar.

ao ouvir, mas não ver ou perguntar.

ao perguntar, mas não ver ou ouvir.

usando dois desses modos ou todos os três.

2. Você aprendeu algo novo sobre o seu filho por meio do diálogo ECSP.

3. O seu filho estava com um problema e você achava que sabia do que se tratava, mas depois de usar o diálogo ECSP, descobriu que o problema era totalmente diferente.

Apêndice C

◆ ● ◆

Lembretes do ECSP

Talvez você queira fazer cópias destes lembretes de diálogos ECSP para problemas criança-criança e pai/mãe-filhos e espalhá-los pela casa e afixá-los em locais visíveis, como na porta da geladeira. Quando os problemas reais surgirem ao longo do dia, eles vão ajudá-lo a lembrar como falar com seus filhos à maneira ECSP. É claro que se tratam apenas de diretrizes gerais, mas eles irão com certeza estimular você a usar a nova abordagem.

Problemas criança-criança

"O que aconteceu?" "Qual é o problema?"

"Como _____ se sente?"

"Como *você* se sente?"

"O que aconteceu quando você fez isso?"

"Como isso fez com que *você* se sentisse?"

"Você consegue pensar num modo DIFERENTE de resolver o problema (para que vocês não fiquem mais zangados, para que ele não bata mais em você etc.)?"

"Esta é uma BOA IDÉIA,
ou NÃO É uma BOA IDÉIA?"

Se for uma boa idéia: "Vá em frente e tente fazer isso."

Se não for uma boa idéia:
"Ah, você vai ter de pensar em algo DIFERENTE."

Problemas pai/mãe-filho

"Eu consigo falar com você

E com _____ AO MESMO TEMPO?"

"Esta é uma BOA HORA para falar comigo?
(ou com _____)?"

"Você consegue pensar numa BOA HORA para falar comigo?
(ou com _____)?"

"Este é um BOM LUGAR para desenhar,
deixar a comida, ficar, etc.?"

"Você consegue pensar num
BOM LUGAR para _____?"

"Como você acha que eu me sinto quando você não me ouve,
joga comida no chão, me interrompe?"

"Você consegue pensar em alguma coisa
DIFERENTE para fazer AGORA até (você poder brincar
de aquarela, até eu poder ajudar você, etc.?)"

Bibliografia selecionada

Manuais de sala de aula (para uso dos professores ou outros funcionários da escola)

Shure, M. B. *I Can Problem Solve (ICPS): An Interpersonal Cognitive Problem Solving Program* [pré-escolar]. Champaign, ILL: Research Press, 1992.

_____ .*I Can Problem Solve (ICPS): An Interpersonal Cognitive Problem Solving Program* [para o jardim-de-infância e primeiras séries do primário]. Champaign, Illinois: Research Press, 1992.

_____ . *I Can Problem Solve (ICPS): An Interpersonal Cognitive Problem Solving Program* [para crianças do primário]. Champaign, ILL: Research Press, 1992.

Livros e periódicos

Cheek, J. M., A. M. Carpentieri, T. G. Smith, J. Rierdan, e E. Koff. "Adolescent Shyness." In *Shyness: Perspectives on Research and Treatment*, org. por W. H. Jones, J. M. Cheek e S. R. Briggs, pp. 105-15. Nova York: Plenum Press, 1986.

Parker, J. G. e S. R. Asher. "Peer Relations and Later Personal Adjustment: Are Low-accepted Children at Risk?" *Psychological Bulletin* 102 (1987): 357-89.

Shure, M. B. "How to Think, Not What to Think: A Cognitive Approach to Prevention." In *Families in Transition: Primary Prevention Programs That Work*, org. por L. A. Bond e B. M. Wagner, 170-199. Beverly Hills, Califórnia: Sage, 1988.

176 • *Ensinando seus filhos a pensar*

_____. *Interpersonal Problem Solving and Prevention*. A comprehensive report of research and training. MH-40801. Washington, D.C.: National Institute of Mental Health, 1993.

_____. "Solving Everyday Problems: A New Approach to Promoting Healthy Behaviors in Children." In *Channeling Children's Anger: Proceedings of the International Invitational Conference on Children and the Media*, org. por R. Baruch e P. Vesin, 199-226. Patrocinado pelo Institute of Mental Health Initiatives, Washington, D.C., e Centre International de L'Enfance, Paris, 1988.

Shure, M. B., e G. Spivack. "Interpersonal Cognitive Problem Solving." In *14 Ounces of Prevention: A Casebook for Practitioners*, org. por R. H. Price, E. L. Cowen, R. P. Lorion e J. Ramos-McKay, 69-82. Washington, D.C.: American Psychological Association, 1988.

_____. "Interpersonal Problem Solving in Young Children: A Cognitive Approach to Prevention." *American Journal of Community Psychology* (edição especial sobre prevenção básica; org. convidado: Emory Cowen) 10 (1982), 341-56.

_____. "Interpersonal Problem-Solving Thinking and Adjustment in the Mother-Child Dyad." In *The Primary Prevention of Psychopathology*, Vol. 3: *Social Competence in Children*, org. por M. W. Kent e J. E. Rolf, Hanover, N. H.: University Press of New England, 1979.

Spivack, G. e M. B. Shure. "Interpersonal Cognitive Problem-Solving and Clinical Theory." In *Advances in Child Clinical Psychology Vol. 5*, org. por B. Lahey e A. E. Kazdin, 323-72. Nova York: Plenum Press, 1982.